MANIPULATION MENTALE

LE GUIDE EXCLUSIF QUI RÉVÈLE LES 6 ARMES SECRÈTES DE PERSUASION POUR POUVOIR IN-FLUENCER ET CONVAINCRE LES AUTRES GRÂCE À UNE COMMUNICATION EFFICACE DE 10 MI-NUTES

PIETRO MORETTI

TABLE DES MATIÈRES

Pietro Moretti — 7
Introduction — 9

1. COMMENT FONCTIONNE L'ESPRIT HUMAIN — 13

2. TECHNIQUES D'UN MANIPULATEUR — 18
   La vigilance — 18
   Manipulation communicative : rester vague — 20
   Manipulation communicative : discours indirect — 23
   P.N.L. et le pouvoir de l'esprit — 26

3. LES SECRETS POUR DEVENIR UN BON MANIPULATEUR — 29
   Comment organiser un discours convaincant — 30
   Les six armes secrètes de la persuasion — 32
   Insérer des idées dans la tête des gens — 43

4. SE DÉFENDRE ET ÉCHAPPER À LA MANIPULATION — 45
   Se défendre de la manipulation affective — 47
   Comment dominer les états d'âme — 48
   Solutions pour surmonter un état de manipulation affective — 49
   Utiliser les armes secrètes de la persuasion contre la manipulation — 52

5. EXERCICES PRATIQUES POUR ENTRAÎNER L'ESPRIT DU MANIPULATEUR ... 55
   Astuces pour entraîner la mémoire ... 57
   Réthorique ... 59
   Le langage non verbal ... 64
   Comment dominer une conversation ... 67
   Reformuler le message ... 70
   Astuces pour introduire une idée innovante ... 72
   Comment convaincre n'importe qui pour qu'il te dise oui. ... 73

6. EN PRATIQUE ... 76
   Observer les signaux des personnes ... 77
   Astuces psychologiques ... 81
   Le classique des extrêmes : noir ou blanc, ça fonctionne toujours. ... 83
   Stratégies pour le travail et la vie privée ... 83
   Le perfectionniste ... 86
   Le généreux (ou l'altruiste) ... 87
   L'exécuteur ... 88
   Le romantique ... 88
   L'observateur ... 89
   Le sceptique ... 89
   L'optimiste ... 90
   Le chef ... 90
   Le médiateur ... 91
   Exercices éfficaces ... 91
   Manipulations virtuelles ... 93

7. LA FAMILLE DE CHARLIE : UN CAS DE MANIPULATION MALIGNE ... 95

8. DE QUELLES MANIPULATIONS MENTALES DE LA SOCIÉTÉ SOMMES-NOUS VICTIMES : THEY LIVE ... 100

9. SE DÉFENDRE DE LA MANIPULATION SUR LES RÉSEAUX SOCIAUX ... 106
10. CONCLUSIONS ... 110

Remerciements ... 113

COPYRIGHT 2021 PIETRO MORETTI - TOUS DROITS RÉSERVÉS

Le contenu de ce livre ne peut être reproduit, dupliqué ou transmis sans l'autorisation écrite directe de l'auteur ou de l'éditeur.

En aucun cas, l'éditeur, ou l'auteur, ne pourra être tenu responsable de quelque blâme ou responsabilité légale que ce soit pour tout dommage, réparation, ou perte monétaire due aux informations contenues dans ce livre. Que ce soit directement ou indirectement.

Avis juridique :

Ce livre est protégé par le droit d'auteur. Ce livre est uniquement destiné à un usage personnel. Vous ne pouvez pas modifier, distribuer, vendre, utiliser, citer ou paraphraser une partie ou le contenu de ce livre sans le consentement de l'auteur ou de l'éditeur.

Avis de non-responsabilité :

Veuillez noter que les informations contenues dans ce document sont uniquement destinées à des fins éducatives et de divertissement. Tous les efforts ont été déployés pour présenter des informations précises, à jour, fiables et complètes. Aucune garantie d'aucune sorte n'est déclarée ou implicite. Le lecteur reconnaît que l'auteur ne s'engage pas à donner des conseils juridiques, financiers, médicaux ou professionnels. Le contenu de ce livre provient de diverses sources. Veuillez consulter un professionnel agréé avant d'essayer les techniques décrites dans ce livre.

En lisant ce document, le lecteur accepte qu'en aucun cas l'auteur ne soit responsable des pertes, directes ou indirectes, encourues à la suite de l'utilisation des informations contenues dans ce document, y compris, mais sans s'y limiter : les erreurs, omissions ou inexactitudes.

PIETRO MORETTI

Pietro nait à Rome le 18 avril 1983 et vit encore aujourd'hui dans sa ville natale.

Il aime la vie simple et l'écriture est sa passion. Il a toujours été fasciné par la façon dont les gens interagissent avec les autres et avec le reste du monde; cet intérêt l'a amené à étudier les différents facteurs qui influencent les interactions humaines.

Avec un master en psychologie, il se concentre à aider les autres en documentant son apprentissage et ses expériences personnelles à travers ses écrits. Il espère partager des informations utiles de manière simple avec des stratégies facilement applicables dans la vie de tous les jours.

Grâce à ses conseils, de nombreuses personnes ont redécouvert les valeurs de la vie et de l'optimisme. Pietro travaille continuellement à élargir ses connaissances en assistant à des séminaires et en faisant de nouvelles connaissances chaque jour avec d'autres professionnels. Quand il n'est pas occupé à faire des recherches ou à écrire des livres de développement personnel, vous pouvez le trouver en train de profiter du plein air en faisant de la randonnée dans les collines locales, toujours prêt à interagir avec les gens qui l'entourent.

INTRODUCTION

Influencer les gens est un art. Il s'agit de la capacité fondamentale de convaincre quelqu'un. Cette faculté peut te permettre d'obtenir de grands résultats au travail comme dans la vie privée, mais tu devras connaître certains trucs pour y arriver.

Il existe un cliché selon lequel nous vivons dans un monde juste, car nous avons besoin de croire que nous n'obtiendrons que ce que nous méritons : les bons seront récompensés et les mauvais seront punis. Pensons, par exemple, à notre attitude au travail : nous sommes convaincus qu'en travaillant avec acharnement, tôt ou tard nous obtiendrons la reconnaissance et la gratification de nos supérieurs. Je suis sûr qu'il t'est déjà arrivé de faire des heures supplémentaires au travail afin de prouver que tu étais un excellent employé.

Cependant, croire en un monde juste, soit la conviction selon laquelle nous recevrons en échange ce qui nous revient de droit ou ce que nous méritons, s'est révélée incroyablement fausse. À cet égard, en 1965,

Introduction

Melvin Lerner, un célèbre professeur de psychologie sociale, a mené une série d'expériences afin de démêler les mécanismes psychologiques qui sous-tendent ce préjugé trompeur.

Il est important d'introduire cette prémisse, car la croyance en un monde juste s'avère contre-productive lorsque nous essayons de nous construire une solide base de pouvoir, et c'est probablement l'absence de justice dans le monde qui t'a poussé à entreprendre la lecture de ce livre. C'est justement parce que le monde n'est pas gouverné par la justice que tu es en train d'essayer de t'armer de stratégies et techniques qui te permettront d'exercer ton influence sur les autres et d'obtenir le succès que tu mérites.

Par conséquent, nous devons avant tout nous délivrer de la conviction de vivre dans un monde juste, où nos efforts sont reconnus et récompensés, que ce soit au travail ou dans une relation.

Le moment est arrivé de comprendre que ce qui compte vraiment n'est pas notre bonne foi, ni nos gros efforts ou notre compétence, mais bien notre capacité de convaincre notre interlocuteur. Bref, de le manipuler.

Dans l'une de ses expériences, Lerner rapporte comment l'étudiant qui a gagné un prix monétaire à la loterie a été automatiquement perçu comme plus déterminé et plus brillant dans sa carrière universitaire que les étudiants qui avaient perdu. Dans une autre expérience, une série de participants ont assisté à une scène impliquant une « victime innocente », c'est-à-dire une jeune femme qui, lors d'une activité éducative, était punie par une décharge électrique à chaque fois qu'elle commettait une erreur. Dans un premier temps, les participants semblaient choqués de voir la souffrance de la victime, mais avec le temps, et vu l'impossibilité d'intervenir, les observateurs eurent tendance à minimiser les conditions de souffrance que la victime subissait et finirent par accepter son traitement.

Le préjugé selon lequel qui gagne mérite la victoire et qui souffre mérite la souffrance est la racine de la croyance en un monde juste, mais il s'agit d'un simple mécanisme psychologique, et non d'une vérité.

Une perspective plus intéressante est celle d'un monde dans lequel le succès appartient à celui qui réussit à imposer sa propre influence par le biais de stratégies de pouvoir gagnantes, comme celles que tu es sur le point de découvrir.

L'esprit humain est un mystère encore inexploré, mais, grâce à ce livre, tu auras la possibilité de pénétrer ses territoires et secrets les plus occultes.

Se convertir en un bon manipulateur peut changer ta vie, et connaître les techniques correctes peut t'aider à atteindre tes objectifs.

Cet arsenal de stratégies peut être résumé en six armes secrètes de persuasion, lesquelles te permettront de :

1. Convaincre les autres de prendre des décisions qu'ils n'auraient pas prises par eux-mêmes.
2. Augmenter la probabilité d'obtenir beaucoup de voix en ta faveur en ce qui concerne tes

initiatives. Pratiquement, faire en sorte que l'on te dise oui.
3. Réussir à vaincre la résistance des autres en un temps record.
4. Prolonger le laps de temps dans lequel tu maintiens les autres sous ta sphère de pouvoir.
5. Créer une réserve de pouvoir pour continuer à exercer ton influence dans le temps.

En bref, ta capacité d'être un bon leader, c'est-à-dire une personne qui réussit à imposer sa propre influence et qui est capable de « faire bouger » les gens qui l'entourent dans une direction plutôt qu'une autre.

Savoir comment convaincre les autres peut t'éviter des disputes et d'éventuels malentendus, améliorant ainsi la qualité et la quantité des relations sociales que tu entretiens. Les décisions prises de leur propre chef donnent aux gens le sentiment d'être plus engagés que celles qui sont imposées. Ceci est d'une importance capitale, car une personne qui sait convaincre est experte pour te faire croire que tu as pris toi-même une décision, alors qu'en réalité, de façon subtile, elle a fait en sorte que tu prennes la décision qu'elle voulait que tu prennes. C'est ici que nous voyons l'importance et le rôle que joue la persuasion dans notre vie. Voyons comment.

1

COMMENT FONCTIONNE L'ESPRIT HUMAIN

L'esprit fonctionne en fonction de causes externes et répond au moyen d'une réaction. Cette réaction peut être générée par quelque chose que nous voyons, ressentons, écoutons, sentons ou touchons.

Ces réactions sont interprétées par le soi, l'égo, et par un historique des expériences personnelles. Pour autant, ce ne sont que des réactions automatiques, de défense, pour pouvoir survivre.

L'esprit possède de multiples capacités nous permettant d'emmagasiner de l'information, raisonner, tirer des conclusions et agir.

C'est pour cela que connaître le pouvoir de l'esprit humain est indispensable pour notre développement et pour atteindre nos objectifs. Si nous apprenons à l'entraîner, ce sera un élément clé pour notre aboutissement dans la vie. Toute personne désirant obtenir de grandes prestations dans n'importe quel domaine doit entraîner le pouvoir de son esprit pour pouvoir réaliser ses desseins.

Souviens-toi que les habitudes se créent dans la tête : quelqu'un ayant du succès dans quelque domaine que ce soit s'entraîne constamment, car cela ne s'acquiert pas du jour au lendemain, mais en pratiquant encore et encore. C'est cette dynamique qui te fait atteindre le niveau nécessaire pour atteindre tes objectifs.

"Pour acquérir du pouvoir de façon efficace, tu ne dois pas devenir quelqu'un d'autre. Il suffit de continuer à faire ce que tu fais déjà, mais d'une autre façon et avec une nouvelle stratégie"

— JEFF PFEFFER

Nous possédons tous des points forts et des points faibles. Et la première chose à faire est justement d'identifier les tiens. Demande-toi quel est ton atout quand tu essaies de convaincre quelqu'un. Quelle facette de ta personnalité mets-tu en jeu ?

- Es-tu quelqu'un qui observe et étudie son audience avant de parler ?

Cela te permet de développer un bon feeling avec les gens et que le message que tu veux leur transmettre soit mieux reçu.

- Es-tu sûr de toi ?

Il n'est pas bon de paraître agressif, mais paraître peureux ne nous sera pas d'une grande aide non plus. Lorsque l'on écoute parler une personne qui n'est pas sûre d'elle, on peut la percevoir comme balbutiante et peu convaincante.

- Fais-tu bon usage de ton langage corporel ?

Un bon usage du langage du corps capte l'attention de l'audience et la convainc que ce que tu dis est la vérité. Dans l'art de la persuasion, dans bien des cas, la manière de dire les choses est plus importante que les choses qui sont dites en elles-mêmes.

- Es-tu capable d'écouter et d'accepter d'autres points de vue ?

Si tu es capable de concéder un point de vue à ton interlocuteur, ça lui démontrera que tu es une personne avec un esprit ouvert, que tu disposé à écouter, et que son bien-être t'intéresse.

- As-tu toujours une bonne attitude ?

Cela est sans l'ombre d'un doute de grande importance, car nous, les êtres humains, avons tendance à imiter le langage corporel de l'interlocuteur qui se trouve devant nous. Donc, si tu veux que les gens croient en toi, tu dois sourire et avoir une bonne attitude durant la conversation. Inconsciemment, ton interlocuteur commencera à t'imiter.

Pense à présent à l'une de tes faiblesses : essaie de penser aux stratégies que les autres utilisent pour obtenir ton consentement ou pour exercer leur pouvoir sur toi. Que vois-tu dans le comportement d'autrui qui te semble si difficile à imiter ?

- Être positif ?

Cela rend plus confiants et sûrs de nous-mêmes, et, par conséquent, nous permet de faire en sorte que les gens aient une meilleure attitude.

- Être empathique ?

Se mettre à la place de quelqu'un d'autre, c'est sans aucun doute une arme en notre faveur, car cela nous permet de deviner les actions ou les émotions de notre public.

- Être un bon négociateur ?

Nous ne devons pas nous acharner à essayer de convaincre quelqu'un ; car lorsque nous essayons de forcer les autres à être d'accord avec nous, nous ne faisons que renforcer leur point de vue originel.

- Être crédible ?

Les gens gravitent davantage autour de ceux qui sont authentiques, car ils savent qu'ils peuvent leur faire confiance. La confiance en soi te permettra de provoquer cela chez les autres.

2

TECHNIQUES D'UN MANIPULATEUR

La vigilance

La première règle d'un bon manipulateur est la vigilance, appelée également conscience situationnelle. Il s'agit d'être conscient que les choses qui nous entourent changent très rapidement. Se souvenir de ce principe fera en sorte que tu ne perdes jamais le contrôle de la situation, que tu ne sois pas victime de l'influence d'autrui, mais au contraire, que tu puisses exercer ton pouvoir sur les autres.

Le changement est un facteur qui peut s'avérer effrayant uniquement si nous ne sommes pas préparés à l'affronter : si tu te souviens que rien dans la vie n'est permanent, tu auras automatiquement un avantage par rapport aux autres. Être constamment vigilant est la première caractéristique du manipulateur à succès. Lorsque rien n'est tenu pour acquis, tout devient possible.

Selon Richard Anderson, directeur général de la

Delta Airlines, exercer son propre pouvoir serait comme piloter un avion : pour ce faire, tu dois garder la tête haute et développer une conscience situationnelle de tout ce qui se passe autour de toi.

Observe les caractéristiques des personnes que tu considères comme très influentes. Généralement, il s'agit d'individus affichant une grande estime d'eux-mêmes et démontrant un grand calme lors de la prononciation de leurs discours, comme s'ils étaient capables de tout garder sous contrôle à chaque instant.

Il s'agit justement de la conscience situationnelle. Ce concept appartient au domaine de l'aviation militaire, mais il est désormais largement utilisé dans le contexte relationnel, et peut s'avérer très utile, non seulement pour exercer notre pouvoir sur les autres, mais aussi pour nous défendre des agressions des prédateurs externes.

C'est une sorte de loi de la jungle : nous ne pouvons jamais nous considérer à l'abri d'agressions externes, et ça, les animaux sauvages le savent très bien ! Dans notre monde industrialisé, nous avons oublié les règles de la nature, mais le moment est venu d'éveiller l'instinct enfoui au plus profond de toi-même. Rester constamment sur le qui-vive est le point de départ de chaque manipulateur professionnel.

Entraîne ton esprit à rester en état de vigilance, comme un samouraï. Tu ne seras alors jamais à découvert et tu ne permettras à personne d'attaquer ta sphère mentale. Au contraire, dans les situations délicates, tu seras parmi les rares à rester lucide.

Manipulation communicative : rester vague

Nous sommes habitués à concevoir notre activité mentale comme une série de pensées et de raisonnements dont nous sommes complètement conscients. Et si je te disais en revanche que ce que nous appelons notre conscience n'est rien d'autre que la pointe de l'iceberg qui s'enfonce dans un océan inexploré ? L'océan, c'est le subconscient, et c'est exactement la cible que tu dois viser si tu veux devenir un bon manipulateur. La personne que tu as en face de toi croit, comme toi peut-être en ce moment, qu'elle est maîtresse de ses propres affirmations et décisions.

La vérité est qu'il existe des mécanismes psychologiques profonds et majoritairement inconnus qui guident les personnes dans une direction plutôt que dans une autre. Connaître ces mécanismes te permettra de les manipuler à ta faveur, en évitant par la même occasion de te faire piéger par d'autres.

Tu dois imaginer l'esprit conscient comme un poste de contrôle : c'est ici que tes paroles pourraient misérablement échouer dans leur intention et être renvoyées chez elles. Toutefois, en les organisant stratégiquement, tu réussiras à passer le contrôle.

Des techniques comme la P.N.L. et le discours hypnotique permettent à ton discours de pénétrer la frontière de l'esprit conscient et d'arriver directement dans le subconscient de ton interlocuteur. Mais comment ?

(1 James, R. [2017]. P.N.L. Mots hypnotiques :

Choisis et utilise les mots les plus efficaces pour ta communication persuasive.)

L'une des astuces de communication du manipulateur professionnel est de rester vague. Pour rendre ton discours hypnotique, la première chose que tu devras faire, c'est laisser des lacunes significatives dans ton message. De cette façon, le subconscient de ton interlocuteur pourra les remplir comme bon lui semble. Cette technique rend l'écoute de celui qui reçoit ton message complètement autoréférentiel, ce qui te donne un net avantage, car l'interlocuteur, réconforté par ses propres projections mentales subconscientes, aura tendance à baisser sa garde envers tes affirmations et se laissera donc manipuler par tes dires.

Par exemple, tu veux tes parents à distance en ce qui concerne tes choix pour ton avenir ? Garde pour toi les détails ! En restant le plus vague possible dans tes discours, tu te garantiras une grande marge de pouvoir.

Tout d'abord, cela met nos interlocuteurs en position d'infériorité : ne pas connaître les détails du discours d'autrui nous rend très vulnérables. De la même façon, se garder de révéler le contenu de nos pensées ou projets nous permettra de faire étalage de notre pouvoir lorsque ces projets seront déjà réalisés, en générant ainsi un effet de surprise, d'incrédulité et d'étonnement dans notre entourage.

En pratique, tu dois toujours te cacher sous un voile de mystère et tes mots devraient refléter cette abstraction.

Essaie de suivre ta réaction instinctive : es-tu quelqu'un d'émotionnel qui tend à partager ses doutes, pensées, espérances ou inquiétudes ? Ou es-tu l'une de ces personnes qui ne perdent pas leur temps à parler, et qui agissent directement, sans même demander un conseil ou l'opinion des autres ?

Le prochain pas pourrait dériver de cette réponse. Si tu es l'un de ceux qui ont toujours la nécessité de comparer et commenter, il serait temps de comprendre que cette habitude te mettra en position de subordination.

Même s'il n'y a rien de mal à demander l'opinion des autres, tu dois désormais prendre l'habitude de t'en passer. Ceci se justifie par le fait que les autres essayeront toujours de t'imposer leur vision du monde, ce qui, en soi, n'est pas exactement le conseil que tu recherches. Rencontrer des personnes désintéressées qui peuvent et veulent vraiment te donner un avis honnête et impartial est pratiquement impossible. L'égocentrisme humain fait en sorte que chacun de nous a le besoin d'affirmer sa propre vision du monde, de sorte que les conseils que nous recevons seront, dans le meilleur des cas, une tentative de la part de l'autre d'affirmer sa vision à lui.

Cela dit, conscient de l'inutilité des conseils des autres, si toutefois tu sens la nécessité de partager tes idées, souviens-toi que plus ton discours sera détaillé, plus tu perdras du pouvoir. En revanche, s'abstenir de donner trop d'informations à ton interlocuteur, appliquant le principe de l'imprécision à ton discours, te positionnera sur une espèce de piédestal aux yeux des autres. C'est le mécanisme psychologique classique de l'homme mystérieux, la figure de l'introverti, au charme duquel de nombreuses femmes ont tendance à tomber amoureuses pour, par la suite, devenir victimes de sa manipulation émotionnelle.

Être vague est une règle de communication gagnante : filtre les histoires que tu racontes. Au travail, ne donne pas trop de détails en ce qui concerne ta vie privée. Ne crois pas que la clé pour résoudre tous les problèmes dans une relation soit la sincérité. Au contraire, plus tu seras doué pour maintenir un espace de flou, plus tu seras en mesure de persuader facilement l'autre personne.

Manipulation communicative : discours indirect

Le deuxième truc communicatif du manipulateur expert, c'est l'utilisation du discours indirect. Si tu veux être convaincant et manipuler ton partenaire, tu dois définitivement éviter le discours direct. Les expressions comme « Écoute-moi » ou « Étudie » seront perçues par le subconscient comme une imposition et une agression et susciteront donc chez l'autre un sentiment de défense et de rejet à ton égard.

En revanche, pour induire l'autre personne dans un état d'écoute hypnotique, tu devras toujours essayer d'être très rassurant et conciliant. Tu peux faire des suggestions au lieu d'exprimer une opinion ouvertement, évitant ainsi d'être direct. Cette technique te permettra de subjuguer l'autre, en obtenant ainsi que la personne n'attende rien d'autre que tes conseils bienveillants. Toutefois, il le fera, non parce que ceux-ci sont particulièrement sincères, mais parce que tu les as servis sur un plateau d'argent, en les proposant de telle façon que tu as envahi son esprit conscient et es entré directement dans son subconscient.

Voici, ci-dessous, certaines astuces linguistiques qui te permettront de manipuler l'esprit des autres :

- Utilise les verbes serviles « pouvoir » et « devoir » en les conjuguant au conditionnel devant le verbe principal (à l'infinitif) : « Tu pourrais aller à la maison ce soir » ; « Tu devrais le faire » ; « Tu pourrais essayer de parler avec moi, si tu le désires »

Ce sont, sans doute, des expressions plus complexes, mais elles te permettent de développer « un filet de sécurité » autour de tes mots, car l'interlocuteur ne percevra pas ton intention de t'introduire dans sa sphère de pensées. Tes mots pourront pénétrer profondément dans l'esprit de l'auditeur.

- Utilise la forme hypothétique : par exemple, au lieu de dire « Tiens un journal », utilise la formule « Si tu tiens un journal de tes exercices de gymnastique, tu pourras voir tes progrès » ; au lieu de dire « Dépose ton argent à la banque », tu peux dire « Si tu déposes ton argent à la banque, tu réduiras le risque de le perdre ».

Cette forme de discours te met en position

d'infériorité qui, toutefois, est seulement apparente, car tu suggères une hypothèse et non une opinion directe. En réalité, cette technique communicative donne à celui qui t'écoute l'illusion d'être le maître de ses propres idées : cette façon de s'exprimer, utilisant le « si… donc… » augmente énormément le succès de ton message, car ton interlocuteur ne le percevra pas comme ton affirmation de pouvoir, mais bien comme une conclusion à laquelle il est arrivé seul. Ou du moins, c'est ce qu'il pensera.

- Utilise la forme impersonnelle, par exemple : « On peut dire comme ça » au lieu de « Tu peux dire comme ça ».

Avec ce truc, nous ajoutons une dose d'imprécision à nos mots. Le concept fondamental est que ton intention d'insérer une idée dans l'esprit de ton interlocuteur ne soit jamais découverte. De ce fait, la seule façon d'avoir du succès dans cette entreprise est de cacher tes intentions à l'aide de stratégies de communication indirecte.

Si tu laisses à l'autre l'espace dont il a besoin, son subconscient se chargera de faire le travail à ta place.

- Utilise des adverbes de doute : peut-être, probablement, presque.

Voyons quelques exemples :

- Il ne s'adaptera probablement pas aussi bien que toi au travail.
- Apparemment, tes parents ne sont pas du tout contents de notre visite.
- Je ne pense définitivement pas que ton chef soit d'accord avec ça.

Laisser filtrer un certain degré d'incertitude de façon stratégique te permet de manipuler la perception de ton interlocuteur par rapport à ce que tu es en train de dire. Si tu affirmes ton opinion clairement et sans équivoque, tu éveilleras un sentiment de scepticisme ou, du moins, de perplexité. Par contre, si tu ajoutes une dose d'incertitude dans ce que tu dis, même lorsque tu sais exactement de quoi tu parles, cela ajoutera de l'autorité à ton opinion aux yeux des autres et tu les convaincras bien plus qu'avec tes mots.

Cela semble un paradoxe, mais c'est exactement comme ça. Je t'invite à essayer ces tactiques de communication par toi-même afin de te démontrer leur efficacité.

P.N.L. et le pouvoir de l'esprit

La programmation neurolinguistique (P.N.L.) est une discipline qui naît dans les années 70 en Californie, dérivé scientifique des techniques psychothérapeutiques de la Gestalt.

Cette discipline a pour objectif de trouver des

manières de transférer la connaissance tacite de sujets de haute performance à d'autres. En d'autres termes : chacun de nous arrive à rejoindre avec une extrême facilité une série de résultats dans certains domaines où nous sommes particulièrement compétents, mais si nous essayons d'expliquer à d'autres comment nous le faisons, nous ne savons souvent pas comment faire et avons tendance à dire : « Ça me vient naturellement. »

La P.N.L. s'occupe de remplir ce vide : en étudiant les règles implicites de syntaxe et la structure du langage, cette discipline ne s'occupe pas du contenu du message, mais bien de la façon selon laquelle il est élaboré pour obtenir les résultats désirés.

Le premier livre publié parlant de la P.N.L. s'intitulait « La structure de la magie ». Cela devrait nous faire réfléchir : derrière l'incroyable pouvoir de persuasion des communicateurs, hommes politiques et leaders qualifiés, il y a en réalité un modèle qui peut s'apprendre.

Le langage non verbal et le ton de notre voix sont des outils que nous devrons absolument utiliser pour pouvoir mettre l'accent sur certains mots-clés de notre message et ainsi arriver au subconscient de notre interlocuteur.

Par exemple, pendant ton discours, tu pourrais mettre une main sur l'épaule de celui qui t'écoute et faire une petite pause pour surligner l'importance de ce que tu viens de dire.

La contagion émotionnelle est aussi un autre aspect qui ne doit pas être sous-estimé pendant la communication.

Il t'est probablement déjà arrivé de te retrouver en présence de quelqu'un de très enthousiaste et de te sentir contaminé par cette personne de façon positive. Et vice versa. Lorsque nous nous trouvons en présence de personnes extrêmement angoissées, cette négativité nous déprime.

Si tu veux réellement convaincre quelqu'un le plus rapidement possible, tu dois toujours être capable de cacher tes états d'anxiété, de dépression ou de tristesse. La contagion émotionnelle est un phénomène psychologique prouvé, tiens-le donc en compte. Comme un vrai samouraï, tu devras être impassible : contrôler tes émotions et ton esprit sera essentiel pour ne pas causer d'effets secondaires pendant ta communication.

3
LES SECRETS POUR DEVENIR UN BON MANIPULATEUR

« Le marketing ne dépend plus de ce que vous savez produire, mais de ce que vous pouvez raconter »

— SETH GODIN

Nous vivons dans une société où la communication est tout. Les boîtes se vendent avant les biscuits, ce qui signifie que, parfois, la commercialisation d'un produit déterminé est plus importante que sa qualité réelle. Il suffit de jeter un œil à ton flux Instagram pour te rendre compte que la façon dont nous communiquons nos histoires est, la plupart du temps, plus importante que l'histoire elle-même. Voici un premier plan pour organiser ton discours de façon efficace : si tu veux que les autres se souviennent et soient convaincus par ce que tu dis, voilà ce que tu dois faire.

Comment organiser un discours convaincant

Suite à des recherches universitaires sur les raisons pour lesquelles les légendes urbaines sont si crédibles et durables, deux universitaires américains (Heath & Heath) ont élaboré un guide pratique de la persuasion qui énumère les éléments fondamentaux que tout discours doit comporter pour convaincre un interlocuteur. Tu peux utiliser cette liste pour ta prochaine présentation publique, au travail ou si tu désires faire un discours inoubliable qui convainc l'auditeur. Les auteurs utilisent l'acronyme S.U.C.C.E.S. pour pouvoir se souvenir de chaque élément de cette stratégie :

Simplicity (Simplicité)
Unexpectedness (Surprise)
Concreteness (Concrétude)
Credibility (Crédibilité)
Emotions (Émotions)
Stories (Histoires).

Comme tu peux le voir, ce ne sont pas des règles complexes, mais simplement les caractéristiques que doit contenir chaque message pour être efficace. Toutefois, les mettre en pratique n'est pas immédiat comme on pourrait le croire. Je t'invite à en faire l'expérience par toi-même.

Si tu veux convaincre quelqu'un, voici comment tu dois structurer ton discours :

1. Ton message doit rester simple.
2. Ajoute des éléments qui surprennent ton interlocuteur, des choses qu'il ignore encore.
3. Utilise des éléments concrets, en évitant les théories abstraites.
4. Fais appel aux émotions de ton interlocuteur.
5. Raconte des histoires.

Voici un exemple :

- Nous pouvons vérifier, comme je l'ai dit auparavant, que ces dispositions nous feront économiser 30 % de dépenses. Pour cela, il est nécessaire d'approuver le nouveau projet qui nous aidera certainement à récupérer nos pertes.

Tu peux utiliser toutes ou seulement certaines de ces techniques pour structurer ton discours. Tu pourras également convaincre les autres en utilisant certaines de ces astuces, mais, évidemment, utiliser chacune d'elles augmentera tes possibilités d'être persuasif.

Pensez à ces fois où tu as pris la parole sur un sujet que tu avais étudié pendant des mois, voire des années. Tu es manifestement un expert en la matière, mais la plupart du temps, les détails de tes propres connaissances finissent par brouiller ton discours. En gardant à l'esprit la technique de persuasion S.U.C.C.E.S., tu pourras organiser ton message de façon convaincante et efficace, et pas seulement au travail.

Apprendre à structurer ton raisonnement sur les

éléments de simplicité, concrétude, crédibilité, émotivité et narration devrait être la base de toutes tes conversations. Une espèce d'ouverture à la persuasion que tu peux utiliser lorsque tu veux convaincre quelqu'un de tes idées.

Ceci te convertira en un excellent communicateur, et cela n'a rien à voir avec le contenu de ton discours, mais dépend de ta capacité à le prononcer de façon correcte.

Les six armes secrètes de la persuasion

« Leadership : l'art de pouvoir faire faire à quelqu'un ce que tu veux qu'il fasse ».

— *DD Eisenhower*

Un grand nombre des compétences d'un leader peuvent être apprises. Il existe des techniques et des méthodes qui nous permettent de mieux contrôler le stress et la tension, notre performance communicative et les effets de nos paroles sur ceux qui sont en face de nous. Voici les six armes secrètes de persuasion auxquelles tu devras te référer dans ton travail de persuasion.

- **L'importance stratégique de la générosité**

"Le cadeau comprend nécessairement la notion de crédit. C'est à partir d'un système de cadeaux, donnés et échangés dans un certain délai, que naît d'un côté le troc, et d'un autre, le prêt. "

— *M. Mauss*

Nous sommes habitués à penser que la générosité consiste à pratiquer l'altruisme sans rien attendre en retour. Essentiellement, agir de manière désintéressée. Bien, maintenant je te demande que tu te souviennes d'une occasion lors de laquelle tu as reçu un cadeau auquel tu ne t'attendais pas : ça peut être un geste, un objet ou un compliment. Comment t'es-tu senti ? Quelle a été ta réaction instinctive ?

Recevoir un cadeau nous met dans une position inférieure, car nous sentons automatiquement le besoin de rendre la pareille. Nous nous sentons redevables. Recevoir une faveur, un conseil ou également un cadeau matériel non demandé est certainement une tentation. Qui ne se sentirait pas flatté ou séduit par des cadeaux, des opinions et des propositions d'aide ? Pourtant, le bon manipulateur sait bien que ce sont des tactiques de domination qui doivent être évitées. De la même façon, il reconnaît le pouvoir des cadeaux, des conseils et des faveurs, et peut l'utiliser comme à son avantage.

C'est une technique extrêmement efficace, car celui qui reçoit le geste de générosité se sentira flatté, obligé dans une relation de réciprocité à laquelle il ne pourra pas échapper. Ainsi nous aurons atteint notre objectif de façon efficace.

- **Utiliser l'ego des personnes à notre faveur**

---

*"*Seuls *les morts et les imbéciles ne changent jamais d'avis"*

— JAMES RUSELL LOWELL

L'esprit est un mystère complexe, mais il existe des facettes de la nature humaine qui ont tendance à se répéter. L'un d'eux est la centralité que les gens accordent à leur ego, c'est-à-dire à eux-mêmes. Nous avons vu l'importance de choisir les mots corrects pour laisser des lacunes dans nos discours et créer un effet hypnotique auprès de notre interlocuteur. Nous avons également décrit l'importance d'être abstraits et le discours indirect comme les techniques fondamentales de la communication manipulatrice pour garantir que notre interlocuteur ne se sente pas envahi par notre présence, mais croie qu'il choisit et décide lui-même ce qu'il doit penser ou les actions qu'il doit entreprendre.

Maintenant, nous ferons appel à l'égocentrisme qui caractérise la nature humaine pour le retourner contre notre interlocuteur. Comme tu peux le constater, pour te transformer en un manipulateur professionnel, tu ne dois rien faire de nouveau : seulement connaître les caractéristiques des personnes qui t'entourent et les utiliser stratégiquement à ton avantage.

Ça te surprendra de voir comme les gens détestent changer d'avis. Même si beaucoup seront d'accord qu'il n'y a rien de mal à changer d'avis, cela n'arrive que très rarement dans la pratique. Les gens se sentent défiés par le changement et ont tendance à faire confiance aux décisions prises dans le passé, aux opinions qu'ils ont eux-mêmes, ou à défendre leur réputation.

Ils accepteront inévitablement tout ce qui pourra leur éviter l'effort de réfléchir, de poser des questions ou d'être jugés négativement.

Ta deuxième arme gagnante comme manipulateur consiste à avoir la parole de ton interlocuteur sur quelque chose, ou son consentement. Pour atteindre ton objectif, de bonnes compétences rhétoriques peuvent venir à ta rescousse, grâce à l'utilisation des techniques vues auparavant. Une fois que tu auras obtenu le consentement de la personne que tu as en face de toi, il lui sera difficile de changer d'avis. Tu pourras la flatter avec des présents (nous avons vu précédemment l'importance stratégique de la générosité) pour obtenir en retour un engagement total.

De cette façon, tu lieras ton interlocuteur à lui-même et à son orgueil de sorte que son égoïsme l'empêche de revenir sur sa parole.

- **Le troupeau**

> *"Celui qui est élu prince en bénéficiant de la faveur populaire doit garder le peuple comme ami."*
>
> — Nicolas Machiavel

As-tu déjà remarqué ce que font les artistes de rue avant de commencer leur exhibition ? S'il t'arrive de passer à côté de l'un d'eux, tu te rendras compte qu'avant tout chose, il déposera lui-même quelques pièces ou un billet dans son chapeau. C'est une stratégie qu'il utilise pour pousser les gens à lui donner une petite pièce. La technique est simple et se base sur le concept de la validation sociale : nous basons nos décisions sur celles des autres. En bref, il suffit de voir une autre personne faire quelque chose et automatiquement nous ferons de même. Pour nous faire une opinion sur un thème déterminé, nous préférons presque toujours faire confiance à l'opinion de quelqu'un que nous valorisons au lieu de prendre la peine d'effectuer des recherches sur le sujet par nous-mêmes.

C'est le vieux concept du « troupeau », selon lequel « si tout le monde le fait, c'est qu'il y a une bonne raison ».

En réalité, c'est généralement le contraire : il n'y a aucune bonne raison derrière ces actions. Le fait d'adopter une attitude ou une opinion dans un groupe n'est absolument pas une garantie. Cependant, c'est comme cela que ça fonctionne, et comme de bons manipulateurs, nous pouvons profiter de cette caractéristique de la nature humaine.

Par exemple, gagner la faveur des membres d'un groupe, même seulement de la moitié d'entre eux, nous donnera un avantage sur les autres membres.

Dans le contexte des relations familiales, il sera bon de créer des alliances de pouvoir et de nous protéger grâce à elles. Dans une relation sentimentale, le bon manipulateur gagnera la confiance et l'admiration des personnes plus proches de son partenaire : parents, famille, amis proches. Une fois que sa réputation sera validée dans ces cercles, il obtiendra un pouvoir substantiel dans la relation même.

Sois simplement aimable, serviable et généreux, ou démarque-toi par ta sympathie. Si, en revanche, tu es un quelqu'un d'un peu plus fermé, essayer d'éviter les situations conflictuelles devrait suffire.

En règle générale, le manipulateur doit apprendre l'art de la diplomatie et toujours garantir une base minimum de consensus.

- **Plaire et inspirer la sympathie**

"Plaire aux autres est le premier pas pour arriver à les persuader."

— Lord Chesterfield

Cela peut te sembler étrange, mais souvent, ceux qui

sont les plus gentils dans le groupe peuvent en fait être des manipulateurs experts. La sympathie n'est pas nécessairement synonyme de spontanéité. Penses-y : un bon manipulateur obtiendra quelque chose en échange de sa sympathie, c'est-à-dire généralement la confiance de son interlocuteur.

Donc, si tu désires préparer le terrain et obtenir un oui au travail ou dans la vie privée, l'une des armes les plus puissantes dont tu disposes est la sympathie. Arracher un sourire ou générer de l'enthousiasme sont d'excellents outils de manipulation. Grâce à ta sympathie et à de bonnes blagues bien racontées, les personnes seront plus disposées à t'écouter ou à respecter ton opinion. Tes collègues voudront toujours t'inviter partout et tu jouiras d'une réputation solide.

Le même principe est valable dans les relations personnelles. L'une des manières les plus simples de paraître sympathique est l'adulation, une technique que les Romains appelaient *captatio benevolentiae*. Celle-ci consiste à identifier des éléments chez l'autre personne sur lesquels nous pouvons appuyer notre discours pour nous attirer ses faveurs. Cela peut varier entre de simples compliments sur l'apparence (dans une relation de couple, celui-ci est le premier geste du manipulateur expert) et, par la suite, aller toujours plus loin au fur et à mesure que votre interlocuteur vous révèle les détails de sa vie. Passe-temps, passions, expériences passées : tout peut être utile pour ouvrir une brèche et tracer la voie. Par exemple, il est recommandé de commencer un entretien d'embauche avec un « brise-glace » préparé à l'avance, peut-être en allant chercher sur

LinkedIn des détails sur ton interlocuteur qui pourraient te permettre de trouver un point commun avec lui (avoir fréquenté la même école, avoir des connaissances communes, etc.).

Naturellement, la vraie sympathie, celle qui provoque enthousiasme et rires dans notre entourage, peut être exercée.

Si tu te demandes comment paraître sympathique, tu peux commencer par mémoriser quelques bonnes blagues, t'inspirer d'acteurs comiques, ou t'inscrire à un cours de théâtre. Les relations humaines sont un scénario permanent, et adopter une perspective d'acteur également dans ta vie te donnera un avantage indiscutable.

Si la sympathie n'est pas ton fort, souviens-toi aussi qu'une apparence impeccable est une caractéristique qui te permettra de manipuler les autres comme tu le souhaites. Avoir toujours une bonne apparence, soigner son image extérieure avec un style bien étudié éveillera l'intérêt de ceux qui t'entourent et les étonnera. Si tu ne t'es jamais demandé comment tu te présentais esthétiquement, le fait de savoir que cela t'aidera à dominer l'opinion des autres te fera peut-être changer d'avis.

Une touche d'originalité est toujours une bonne chose (mais sans exagération), car le bon manipulateur ne veut certainement pas se conformer à la moyenne.

Pour autant, que tu utilises l'arme de la sympathie ou celle de l'élégance, l'important est que tu plaises aux autres. Non pas par narcissisme, mais bien car c'est une règle de pouvoir : si les autres éprouvent de l'attraction pour toi, si tu les as « dans ta poche », tu pourras leur dire ce que tu veux.

- **Sécurité encore et toujours**

"Fake it until you make it" / "Fais semblant jusqu'à ce que tu y arrives"

Les gens sont automatiquement disposés à croire en quelqu'un qu'ils estiment être une figure d'autorité. Quoi que tu fasses, souviens-toi que les emballages se vendent avant les biscuits. Cela signifie que tu dois toujours paraître extrêmement confiant, une vraie autorité dans ta sphère professionnelle, mais aussi dans tes relations.

Une règle d'or est de ne jamais faire part de tes soucis aux autres. Nous l'avions déjà dit au début : maintenir une grande approximation communicative te permettra de subjuguer ton interlocuteur.

En pratique, tu ne dois jamais dévoiler tes points faibles. Rappelle-toi que chaque confession ou ouverture te fera perdre du pouvoir. Tu ne devras jamais te laisser emporter par tes émotions, mais, au contraire, tu devras réfléchir froidement à chaque fois que tu partageras quelque chose avec quelqu'un, spécialement au travail, car regagner du terrain peut te coûter cher.

Au contraire, tu ne devras jamais te sentir impressionné, te comparer avec quelqu'un en te dévalorisant par rapport aux autres, ou à te sentir peu sûr de toi en général.

Pour certains, cela semblera une tâche impossible, mais c'est une technique à laquelle tu peux t'habituer avec le temps. Pour prendre confiance en toi, tu peux réaliser une liste de tes points forts, repousser les personnes qui minimisent ton potentiel et pratiquer des techniques de méditation pour contrôler ton esprit, qui, après tout, est le seul réel responsable de ton amour propre.

Une fois que tu auras obtenu une solide confiance en toi-même, tout ce que tu devras faire sera l'afficher et l'imposer aux autres, toujours et sans exception.

Souviens-toi aussi qu'une projection mentale modifie la réalité. En pratique, cela signifie que, même si tu n'es pas encore une personne sûre de toi, te dire à toi-même que tu l'es provoquera un grand changement. Tout à coup, tu te convaincras d'une nouvelle vérité, et la réalité suivra tes convictions. L'esprit est puissant, et tu devrais l'utiliser comme bon te semble.

∽

- **Le pouvoir de la pénurie**

Les départements de marketing du monde entier appliquent ce principe, et n'importe quel bon manipulateur devrait également l'appliquer.

Si nous savons qu'un certain produit est en train de s'épuiser, nous aurons beaucoup plus envie de l'acheter. « Dernières places disponibles » ou « jusqu'à épuisement des stocks » sont des phrases qui génèrent une anxiété d'acheter. Les événements marketing mondiaux tels que le Black Friday et le Cyber Monday profitent justement de cette impulsion émotionnelle : la fièvre acheteuse typique des soldes peut s'avérer être une grande arnaque si nous n'arrivons pas à dominer nos réactions émotionnelles.

Un bon manipulateur doit toujours maintenir sa victime dans un état émotionnel similaire à celui de l'acheteur pendant les soldes. La manipulation est efficace lorsque notre interlocuteur a l'impression qu'on pourrait lui « lâcher la main » à n'importe quel moment. Notre associé ne devra jamais se sentir à cent pour cent sûr : comme de bons manipulateurs, nous devrons toujours maintenir notre associé dans un état d'alerte. Savoir qu'il pourrait nous perdre à n'importe quel moment le mettra dans une condition évidente d'infériorité.

De la même façon, sur le lieu de travail, tu dois toujours pouvoir t'asseoir à la table de négociation avec les cartes gagnantes en main. Ton interlocuteur doit sentir qu'il pourrait te perdre s'il ne te reconnaît pas à ta juste valeur, mais pour que cela arrive, tu dois tout d'abord être le premier à te considérer comme une personne unique.

D'un certain point de vue relationnel, le vieux dicton qui dit « dans l'amour, celui qui fuit gagne » est un concept qui, du moins en partie, correspond à la sixième arme de persuasion : maintenir une distance significative est une tactique gagnante.

Insérer des idées dans la tête des gens

Les idées sont comme des graines : elles doivent être plantées et cultivées. Ainsi, avec de la patience et le maniement adéquat des six armes secrètes de persuasion, tu pourras faciliter cette mission apparemment impossible.

Le rythme de ton message est fondamental : parler à une cadence trop « pressée » causera de la frustration à ton auditeur, alors qu'un ton lent et méthodique le tranquillisera et le rassurera.

Cependant, en plus du rythme de tes mots, il y a une tactique que le bon manipulateur peut adopter, qui est d'exploiter les points faibles de ceux qu'il a en face à lui à son avantage. Tu devras, pour ce faire, te transformer en un excellent observateur et auditeur, déchiffrer immédiatement quels sont les points faibles de ton client ou associé et toujours les utiliser pour vendre ton produit ou instiller ton idée dans son esprit.

Dans une relation sentimentale où surgit la manipulation, par exemple, le manipulateur reprochera à la victime des épisodes ou attitudes passés pour pouvoir la faire se sentir coupable et fragile, imposant ainsi sa propre autorité. À ce moment, introduire des idées, des conseils ou des décisions dans l'esprit de la victime sera très facile, car la victime sera absolument dépourvue d'indépendance mentale et émotionnelle pour résister aux intrusions extérieures.

Même si ce type de dynamique ne doit pas être toléré généralement, il est vrai que pour pouvoir triompher dans ton travail de persuasion, tu dois profiter de la sphère émotionnelle de ta victime. De ce fait, c'est généralement ici que l'on est le plus vulnérable et c'est ainsi que tu peux pénétrer l'esprit des autres.

Dans les relations professionnelles, le bon manipulateur sera indirect, il mentionnera sa proposition avec une indifférence extrême, probablement après une bonne blague ou quelque accomplissement.

Cependant, tu dois avant tout te préparer un terrain fertile : qu'est-ce qui plaît à ton collègue ou à ton gérant ? Quels sont les aspects de sa sphère personnelle qui l'intéresse le plus ?

Une fois que tu auras découvert les points sur lesquels tu pourras travailler, tu devras lentement construire une relation de confiance à l'aide des six armes de persuasion.

Ce n'est qu'après avoir obtenu le bon degré d'ouverture devant dans la relation que tu devras donner le coup de grâce, probablement avec d'excellents résultats.

4
SE DÉFENDRE ET ÉCHAPPER À LA MANIPULATION

Nous sommes habitués à concevoir la violence comme quelque chose de physique, un phénomène complètement exposé à la lumière du jour et qui ne peut pas passer inaperçu. Il existe cependant un genre de violence beaucoup plus subtil, presque invisible, et c'est la violence psychologique. Pour pouvoir la reconnaître, nous devons nous entraîner, et pour nous en défendre, nous équiper des mesures de protection nécessaires. Toutefois, il est possible de se libérer d'une situation de manipulation mentale lorsque nous en sommes victimes.

Le premier mythe à dissiper est que la manipulation mentale est un processus conscient dans l'esprit du manipulateur. Malheureusement, dans la plupart des cas, c'est le contraire qui se produit. De ce fait, tu pourrais toi aussi être un expert en manipulation sans même t'en rendre compte. Ou, si tu essaies d'apprendre des techniques parce que tu ne les connais pas encore, il te sera utile de savoir comment te défendre des attaques extérieures, et la première étape pour y parvenir est de comprendre que le manipulateur mental n'est pas nécessairement une personne malveillante.

Souvent, ce sont précisément les personnes les plus proches de nous du point de vue émotionnel qui peuvent, délibérément ou non, nous subjuguer et nous faire participer à des dynamiques toxiques grâce à la manipulation mentale. Tu veux un exemple ?

Bien souvent, tu auras expérimenté un chantage émotionnel plus ou moins explicite : « Si tu m'aimes, tu feras ce que je te dis » est la phrase typique prononcée par un père à son fils ; « Si tu m'aimes, prouve-le-moi » est, quant à elle, la devise classique du fiancé en colère. Ces deux exemples devraient suffire pour te faire comprendre comme il est facile d'être victime de la dynamique manipulatrice.

La règle numéro un pour se rappeler de se défendre de ces pièges est que la manipulation mentale profite de la culpabilité. Tu dois donc, avant tout, travailler sur toi-même pour comprendre que la culpabilité n'est rien d'autre qu'un filet dans lequel tu pourrais trébucher et qui n'a rien à voir avec ta conduite. C'est plutôt un piège qu'un manipulateur professionnel peut exploiter à son avantage.

Donc, règle numéro un : la culpabilité n'a aucune raison d'exister. Si tu as tendance à te sentir coupable, essaie de renforcer ton estime de soi ou ton imperturbabilité face aux affirmations des autres. Ce n'est qu'à cette condition que tu seras immunisé contre le chantage émotionnel et les tentatives de manipulation.

Se défendre de la manipulation affective

La manipulation affective est le genre de manipulation qui a lieu dans une relation affective. C'est un piège duquel nous pourrions devenir victimes et dont il nous sera extrêmement difficile de nous libérer, car généralement elle s'associe avec les relations toxiques envers lesquelles nous développons une dépendance complète.

C'est ainsi que le manipulateur émotionnel nous subjugue à son jeu de pouvoir.

Le manipulateur professionnel utilisera des techniques de calibration, ce qui signifie qu'il étudiera nos mouvements, gestes, positions et même nos mimiques pour pouvoir, par la suite, les refléter symétriquement à notre désavantage. Après s'être assuré un terrain de confiance et avoir pénétré notre subconscient, lequel reconnaît attitudes et mouvements qui nous sont familiers, précisément parce que ce sont les nôtres (!), le manipulateur peut procéder à nous inculquer de nouvelles attitudes.

Par exemple, pour gagner ta confiance, un manipulateur professionnel peut t'accorder sa propre confiance en espérant recevoir la tienne en retour. Voici une autre règle d'or pour toi : n'accorde ta confiance qu'à petites doses.

Sois également attentif aux techniques de gestes en miroir qu'un manipulateur pourrait adopter face à toi. Essaie d'observer les personnes qui t'entourent et leurs attitudes, et essaie de te rendre compte quand quelqu'un reflète les tiennes. Si tu t'aperçois des prémices de techniques de manipulation, tu sauras donc que tu devras être sur le qui-vive.

Comment dominer les états d'âme

Un aspect clé pour te défendre de la manipulation est d'avoir le contrôle de toi-même. Pour ce faire, je te recommande d'adopter les habitudes suivantes :

- Apprends à méditer. Cinq minutes par jour suffisent. Assieds-toi en silence dans une position confortable, écoute ta respiration et observe tes pensées au fur et à mesure qu'elles se développent dans ton esprit, sans essayer de les réprimer ou de les chasser. Avec de la pratique, tu pourras essayer de prolonger le temps de méditation, en réglant une minuterie de 15 ou 20 minutes à partir du début de la pratique pour te relaxer complètement. La méditation est ta salle d'entraînement pour ton attitude dans le monde.
- Désintoxication technologique. Avoir le contrôle de tes processus mentaux signifie principalement de ne pas avoir de dépendance, de quelque nature que ce soit. La technologie n'est pas une exception. Entraîne-toi à te désintoxiquer de la technologie peu à peu, mais constamment, pour pouvoir atteindre un état de bien-être

intérieur. Apprends à ne pas te comparer aux autres et, surtout, à ne pas envier ni désirer la vie d'autres personnes. Rester dans le moment présent est un excellent exercice ainsi que rester en contact avec toi-même de manière saine.

Solutions pour surmonter un état de manipulation affective

Il existe différents niveaux de manipulation et il est essentiel de savoir comment s'en défaire. Une fois hors de danger, tu peux utiliser les six armes secrètes de persuasion pour ne plus jamais retomber dans le piège de la manipulation. En réalité, tu seras toujours celui qui aura le pouvoir dans ta relation.

Le premier niveau de manipulation affective consiste en certains épisodes sporadiques, tels que des malentendus, des querelles ou des décharges d'agressivité qui peuvent sembler passagers, mais qui nous laissent un goût amer. En particulier, nous pourrions être surpris d'observer que notre partenaire alterne des moments de tendresse et de générosité avec des moments de tension : c'est la vieille tactique du bâton et de la carotte.

Si nous vivons une dynamique émotionnelle de manipulation, nous aurons tendance à répliquer ce mécanisme dans d'autres sphères de notre vie également.

Le second niveau de manipulation affective consiste

à renoncer à ses propres idées pour éviter la confrontation avec le manipulateur. Si tu en es à ce stade, tu te sentiras absolument coupable des accusations que le manipulateur te portera, et tu n'essaiera même pas de te défendre.

Finalement, le dernier niveau de manipulation affective consiste en la dépression et la conviction que nous ne valons rien en tant qu'individus.

Pour sortir de ces phases de manipulation, nous devons avoir le courage de dire non ! Souviens-toi que tu n'es pas obligé de faire quelque chose qui te fait te sentir mal à l'aise. N'oublie pas que tu as le droit de refuser si tu n'es pas d'accord avec quelque chose. Je te recommande de ne pas donner trop d'explications au manipulateur, car il le percevra comme une faiblesse ou un sentiment de culpabilité, et continuera probablement à faire pression sur toi.

Prends ton temps. Il essaiera sûrement de faire pression en faisant en sorte que tu n'aies pas beaucoup de temps pour réfléchir, en te posant des questions ou en insistant. Fais-lui bien comprendre que tu n'es pas disposé à entrer dans son jeu. Un « peut-être, j'y penserai » lui démontrera que tu n'es pas une proie facile.

Ne tombe pas dans le piège de l'autoincrimination. Le manipulateur émotionnel voudra sûrement profiter de tes faiblesses, et pour cela il essaiera de te faire sentir coupable. S'il te plaît, ne tombe pas dans le panneau, ne permets pas que ses actions ou ses mots te fassent sentir coupable.

Clarifie les choses et ne reste pas dans le doute. Lorsque tu entends quelque chose qui ne te semble pas juste ou qui te fais douter, pose des questions. Cela lui démontrera que tu es conscient de la situation et qu'il n'est pas si facile de te contrôler, car tu n'as pas peur de te défendre.

Concentre-toi sur ses actions. Souviens-toi qu'elles parlent bien plus que les mots. Il est probable qu'au début cette personne semble aimable et digne de confiance, mais si tu prêtes attention aux plus petits détails, tu pourras t'apercevoir que son comportement dit bien autre chose en réalité.

Si tu doutes, ça ne sera pas facile, mais pas impossible non plus. Avec un peu d'entraînement, tu seras capable de distinguer la vérité du mensonge manipulateur : il faudra donc te réveiller, surtout si tu te retrouves dans la phase la plus critique de la manipulation affective. On t'a dit que tu te trompais ? Essaie de voir la réalité sous un autre angle, et peut-être comprendras-tu que j'avais raison. On est en train de t'accuser d'un certain comportement ? Demande-toi si cela s'est réellement produit. Peut-être ne s'agit-il que d'une interprétation de la réalité et que quelqu'un manigance contre toi.

Évite les discussions et n'entre jamais en conflit, les deux sont inutiles lorsqu'il s'agit de manipulateurs affectifs.

Utiliser les armes secrètes de la persuasion contre la manipulation

L'idéal serait de mettre un terme à une relation avec nos bourreaux, mais ce n'est pas toujours possible. Pense, par exemple, aux membres de ta famille (oui, même tes parents ou frères et sœurs peuvent te subjuguer dans les relations de manipulation émotionnelle), ou encore à tes collègues de travail.

Souviens-toi que tu peux utiliser les armes secrètes de persuasion contre tes propres manipulateurs une fois que tu auras quitté l'état de victime.

Évite toujours de parler directement lorsque tu t'adresses à tes anciens bourreaux : n'exprime jamais tes opinions, ne juge pas, ne fais pas de déclarations personnelles. Ne fais que des suppositions, utilise des clichés et utilise le conditionnel. De cette façon, tu resteras hors de danger.

Souviens-toi d'utiliser la générosité avec tes ex-bourreaux, sans rien attendre en retour. De cette manière, ils te seront redevables et tu gagneras ainsi du pouvoir sur eux, comme nous l'avons vu précédemment.

Gagne la confiance et le respect des personnes qui t'entourent et utilise-les pour projeter une image gagnante, de réussite et positive qui se partage objectivement. Selon la règle du troupeau, tes anciens bourreaux seront portés à reconnaître une vérité simplement parce qu'il y a quelqu'un d'autre qui l'affirme.

Souviens-toi de projeter bien-être et sécurité : ne

laisse jamais libre cours à la faiblesse ou à l'indécision, ne projette rien d'autre qu'une image de toi qui inspire l'admiration, spécialement aux personnes qui n'attendent rien d'autre que de te manipuler à nouveau. Pour ce faire, tu ne devras jamais te laisser prendre au dépourvu.

Sois toujours économe avec ton temps. Ne l'offre pas, au contraire, ne l'accorde que rarement et ne le considère jamais comme acquis, c'est-à-dire donne ton attention de façon modérée. Ton temps est précieux : fais-en bon usage. Si tu n'agis pas en suivant ce principe, tu prendras le risque d'être victime de manipulations.

Même si ce n'est pas le cas de toutes, certaines des armes secrètes de persuasion t'aideront certainement à ne pas entrer dans des mécanismes de manipulation affective.

L'estime de soi, l'amour propre et la conscience sont les premières étapes à franchir pour commencer à te libérer de ce cauchemar émotionnel. Après cela, tes armes secrètes te garantiront la sécurité nécessaire pour ne jamais entrer dans un mécanisme de violence psychologique.

Il est bon de rappeler que la manipulation n'est pas une attitude à diaboliser en soi : ce n'est rien d'autre que de la communication utilisée à une fin de persuasion.

Toutefois, il y a des situations dans lesquelles l'un des communicateurs pourrait avoir tendance à contrôler l'autre, à l'embobiner ou à lui nuire. Un cas extrême est celui de la manipulation affective. Pour autant, il est important de connaître toutes les facettes que la manipulation communicative peut prendre, de façon à pouvoir :

1. Te défendre d'elle.
2. Valoriser les six armes secrètes de persuasion et apprendre à utiliser la manipulation à ton avantage.

5

EXERCICES PRATIQUES POUR ENTRAÎNER L'ESPRIT DU MANIPULATEUR

"Les bons mots valent beaucoup et coûtent peu."

— GEORGE HERBERT

Savais-tu que beaucoup de stars de cinéma ou du monde du spectacle sont des personnes incroyablement réservées dans la vie privée ? Le premier manager de Lady Gaga nous dit que, au commencement de sa carrière, la star du pop était une personne extrêmement timide, et qu'elle était accompagnée par sa mère pour pouvoir supporter le stress des apparitions publiques et l'anxiété des spectacles. Freddy Mercury était très réservé dans sa vie privée, mais en même temps il était une bête de scène.

75 % des gens ont peur et ne se sentent pas à l'aise à l'idée de devoir parler en public ou de présenter leurs idées face à une audience, qu'elle soit grande ou petite.

De la même façon, nous pouvons avoir de sérieux problèmes lorsque nous essayons de convaincre quelqu'un. En général, le stress provient de l'implication émotionnelle que nous avons par rapport à un sujet déterminé, mais également du fait que la réalisation d'un avantage personnel dépende des résultats de notre capacité de persuasion. En réalité, nous essayons souvent d'utiliser des tactiques persuasives pour obtenir un bénéfice matériel ou le consentement d'autrui, et l'attente de cet avantage peut se convertir en stress. Heureusement, il y a des exercices qui te permettront d'améliorer tes compétences persuasives.

J'ai réuni, ici, une série de trucs et astuces utiles pour renforcer la mémoire, la capacité rhétorique, l'écoute active et le contrôle non verbal. Ces compétences sont essentielles pour pouvoir utiliser les six armes secrètes de la manipulation et convaincre ton interlocuteur en moins de dix minutes.

La seule règle est la constance : tu dois pratiquer tant que possible et entraîner ces compétences dans les moindres détails. C'est seulement ainsi que tu atteindras des résultats surprenants, car, comme dans tous les arts de la vie réelle, le secret réside dans la pratique constante : pratiquer, pratiquer et encore pratiquer.

Examinons les compétences qui se trouvent derrière la persuasion et les exercices permettant de les améliorer.

Astuces pour entraîner la mémoire

Exercer ta mémoire est essentiel pour utiliser les six armes secrètes de persuasion en seulement dix minutes.

Tout d'abord, pour parvenir à une communication efficace, tu dois pouvoir adapter ton discours au type de personne que tu as face à toi, en interprétant et mémorisant rapidement les commentaires de ton interlocuteur. Cela signifie que pour pouvoir « lire » ces signaux, tu dois te convertir en un excellent observateur : examiner avec attention les gens et mémoriser leurs réactions, également celles qui sont non verbales. C'est le premier pas pour apprendre à communiquer de façon efficace en moins de dix minutes.

Une fois que tu auras développé un petit inventaire mental des types de personnes que tu peux rencontrer, tu remarqueras que les réactions ont tendance à se répéter dans le temps. Si ta mémoire est entraînée, tu pourras facilement deviner les réactions de ton interlocuteur, adapter ton discours et même anticiper ses réponses.

Pense à la mémoire comme si c'était un muscle : pour obtenir le meilleur résultat possible, tu dois le maintenir en forme, comme un véritable athlète.

Pour apprendre à interagir efficacement avec les gens en moins de dix minutes, tu dois commencer par les étudier et, pour ce faire, je te recommande de noter les résultats de tes observations, que ce soit à l'aide d'un cahier, d'un ordinateur ou d'un téléphone portable. De nos jours, nous interagissons constamment avec des personnes de toutes sortes : employés de magasin, collègues de travail ou simples passants avec lesquels nous pouvons échanger deux mots au supermarché. Et ceci est intéressant pour toi : observer les personnes qui t'entourent et essayer de déduire leurs attitudes ou la manière selon laquelle elles établissent leurs relations, ou répondent aux questions et affirmations est un excellent exercice pour découvrir des schémas répétitifs. Prends note de tout et, tôt ou tard, tu apprendras à reconnaître les différents types de personnalité.

Prends note des dialogues avec tes amis, collègues, famille, prête attention aux réactions de tes interlocuteurs selon le type de communication que tu offres, réalise de petites expériences silencieuses et altère ta réponse de temps en temps pour obtenir des résultats différents. Écris tout, comme si tu étais un professionnel, et tu verras que beaucoup de choses te sembleront plus claires.

Une autre pratique incroyablement efficace pour renforcer ta mémoire est de toujours ranger les objets au même endroit. Tout d'abord, tu deviendras ordonné (si tu ne l'es pas déjà) et, dans un second temps, cette habitude te donnera une grande rigueur mentale. Voir un espace ordonné autour de toi, méthodique et propre, est fondamental : l'espace extérieur est le reflet de l'intérieur, donc si mets de l'ordre à l'extérieur, tu mettras de l'ordre à l'intérieur de toi. Tu pourras commencer à travailler sur la maîtrise de toi-même, à apprendre à rester calme et confiant en toi-même, qualités essentielles d'un bon manipulateur.

Trouve donc le temps pour mettre de l'ordre : au

début, tu auras l'impression de faire des efforts inutiles, mais une fois que tu te seras habitué, tu remarqueras tes progrès, non seulement dans le développement de ta mémoire, mais aussi dans ton sens de la présence et de la maîtrise de soi.

Réthorique

Il existe une thèse connue comme « la théorie des cinq premières minutes ». Selon cette thèse, l'impression que nous donnons les cinq premières minutes au cours d'une nouvelle relation est si forte qu'elle influencera indubitablement les résultats futurs, laissant ainsi une marque indélébile pour le meilleur ou pour le pire.

Plus précisément, si nous pouvons donner une image positive de nous-mêmes dans les cinq premières minutes, dans 50 % des cas, les interactions ultérieures seront également positives. Cependant, si les cinq premières minutes laissent un impact négatif sur notre interlocuteur, dans 90 % des cas, la relation se détériorera.

Donc, en seulement cinq minutes, nous pouvons jeter les bases de l'avenir d'une relation de travail, émotionnelle ou d'une nouvelle amitié… Tant que nous parvenons à donner une impression positive !

Il en va de même pour un discours : l'une des règles fondamentales de la rhétorique est d'avoir un début inoubliable et percutant. Pense à ce que tu fais lorsque tu entames une conversation avec les personnes que tu essaies de marquer de ton empreinte. Peut-être essaies-tu de faire bonne impression, ou du moins de susciter une opinion positive de toi-même, ou même d'utiliser des armes de persuasion pour convaincre quelqu'un. Je parie que la première erreur que tu fais au cours des cinq premières minutes est de te perdre dans la conversation en utilisant une phrase vide après l'autre juste pour remplir un silence éventuel, faire des blagues forcées pour briser la glace, ou peut-être même une anecdote que tu trouves intéressante, avec le tragique résultat d'une aggravation de la situation déjà embarrassante. Ton objectif est d'arriver au point névralgique de ton discours de façon naturelle et amusante, mais si tu as commis ces erreurs classiques dans les cinq premières minutes, tu auras déjà perdu l'attention de ton interlocuteur (et depuis un certain temps déjà). La communication échouera lamentablement. Adopte donc la stratégie inverse : dès les premières phrases de ton discours, essaie de communiquer des concepts et des idées « qui vont droit au but » (sans exagérer, sinon personne ne te prendra au sérieux).

Qu'est-ce que cela signifie ? Pense aux cinq premières minutes d'une conversation avec une personne qui ne te connaît pas (ou avec qui tu n'as interagi que très peu de fois) comme une performance artistique. Les projecteurs sont braqués sur toi, tu ne peux donc pas gâcher ce moment. Mais comment faire ? C'est simple : tu dois devenir une espèce d'acteur principal, et pas n'importe lequel : l'un des gagnants d'un Oscar. Les demi-blagues, les phrases brise-glace, ou les tentatives maladroites ne suffiront pas : tu dois raconter ton histoire de façon à séduire et enchanter.

Celui qui t'écoute doit boire tes mots, et tes dires doivent créer de l'harmonie, jamais un contraste.

La rhétorique était considérée comme un véritable art dans la Rome antique et Cicéron, le maître de cette discipline, se définissait comme un « manipulateur de cœurs ». Essaie de t'identifier à cette expression et commence à concevoir tes mots comme des armes : pèse-les un par un et prépare-les pour faciliter ton travail, même en les écrivant pour toi-même.

Ensuite, récite-les à voix haute pour ressentir l'effet qu'ils ont. Au début, ça te semblera bizarre, mais un vrai orateur est une figure à mi-chemin entre l'acteur, l'homme politique, l'avocat et le magicien. Si tu veux que tes mots aient un quelconque pouvoir, tu dois avant tout le leur conférer, et pour pouvoir le faire, tu auras besoin de préparation.

Donc, si tu te demandes comment donner une bonne impression à ton chef, comment obtenir une augmentation, comment faire bonne impression lors du prochain entretien d'embauche, ou même comment faire un discours public pour convaincre tes auditeurs de faire quelque chose, écris d'abord les phrases que tu aimerais prononcer. À force de le faire, tu trouveras des expressions qui te plairont particulièrement, et tu te construiras un petit arsenal à utiliser au moment adéquat.

Imagine tes phrases comme des cartouches pour tes armes et divise-les en catégories : rationnelles lorsque tu décides de parler à la « tête » des gens, et émotionnelles si tu t'adresses plutôt à leur « ventre ».

De petites histoires, des épisodes bien racontés, tout

est bon, tant que l'histoire commence *in medias res*, c'est-à-dire en plaçant l'interlocuteur au cœur des événements. Oublie les détails inutiles ou les préambules, raconte plutôt l'histoire comme le ferait un acteur de *stand-up comedy*. Tu ne connais pas le genre ? Étudie-le ! Sur Netflix, tu trouveras d'excellents exemples de la façon dont la narration peut te faire rire, réfléchir et participer simultanément.

L'humour (bien utilisé) fonctionne toujours dans un discours, surtout si tu désires bien utiliser tes dix minutes, donc arme-toi de patience et cherche des blagues efficaces, mémorise-les et utilise-les à ton avantage. Souviens-toi de la théorie des cinq premières minutes : une phrase bien placée peut valoir plus de mille mots !

Une autre règle rhétorique qu'il ne faut pas oublier fait référence au rythme de ton discours : tu dois absolument respecter les bonnes pauses. Opte pour des phrases courtes et, si ce n'est pas naturel, encore une fois, imagine tes discours, écris-les et exerce-toi !

Dans les langues comme l'italien, l'anglais, l'espagnol ou le français, un discours est clair et compréhensible s'il est prononcé à une vitesse de 130 à 140 mots par minute. Si tu dis moins de 140 mots par minute, tu cours le risque d'ennuyer ton public ou ton interlocuteur, et si tu en dis plus, tu finiras par dérouter ou énerver ceux qui t'écoutent.

En 10 minutes, tu ne devras pas prononcer plus de 1300-1400 mots. Si tu les écris à l'ordinateur, utilise simplement la fonction de comptage de mots de Word pour te donner une idée immédiate de la durée de ton discours, et, surtout, du rythme de celui-ci.

L'objectif d'écrire les mots que tu as l'intention de prononcer ou les discours que tu dois faire n'est pas de les mémoriser : si tu le faisais, tu risquerais de paraître monotone et forcé. Écrire des phrases et des discours que tu souhaites prononcer a un sens et un objectif bien plus profonds. En fait, c'est un exercice qui te permettra de centrer ton attention sur tous les aspects de la communication, également les moins évidents comme les pauses, l'intonation de la voix et le langage non verbal, pour les dominer le mieux possible.

Si, après tout ce travail, tu finis par prononcer tes discours sans être fidèle à ce que tu as écrit dans ton cahier, cela n'a pas d'importance. Tu te rendras également compte que les compétences entraînées pendant l'écriture et la répétition orale te donneront une aide supplémentaire au moment où tu en auras besoin.

Une fois que tu as écrit ton mini discours de 1400 mots, il s'agira de contrôler la vitesse à laquelle tu prononces les phrases et les mots. Pour ce faire, essaie de te régler sur un minuteur d'une minute : ton objectif doit être de ne pas finir ton discours avant ou après le temps défini. Si ce n'est pas le cas, cela signifie que tu parles trop vite ou trop lentement.

Tu veux parler plus lentement ? Prononce à nouveau ton discours avec de la musique classique comme fond musical, relaxe ta prononciation, articule clairement et fais des pauses aux bons moments. Pour parler plus vite : récite ton discours avec de la musique plus rythmée, fais moins de pauses, seulement lorsque c'est absolument nécessaire. Ainsi, tu rendras le flot des mots plus vivant.

Le langage non verbal

Nous n'avons que dix minutes, dont les cinq premières sont les plus importantes. Dans ce court laps de temps, il y a un aspect de notre communication qui fera toute la différence : le langage non verbal.

Les gestes et le ton de la voix constituent (respectivement 60 % et 30 %) 90 % de la communication, on ne peut pas donc les laisser au hasard. En fait, il faut apprendre à les maîtriser au mieux : ce n'est qu'alors que nos discours resteront véritablement dans la mémoire de l'auditeur… même en moins de dix minutes !

Prête bien attention aux gestes : évite les attitudes de fermeture comme croiser les bras sur la poitrine, garder les mains dans les poches ou courber le dos, car elles donnent une impression d'insécurité, de rigidité ou de méfiance. Au lieu de cela, choisis des poses et des gestes apaisants, en gardant idéalement une position avec la poitrine dégagée et en regardant toujours droit devant toi.

Regarde toujours ton interlocuteur dans les yeux et ne baisse jamais le regard, laisse tes bras et tes mains accompagner naturellement ton discours. Inutile de préciser que tu dois contrôler tout coup ou geste névrotique, comme tapoter un stylo sur la table, transférer constamment ton poids d'une jambe à l'autre ou même sourire de manière excessive. Pour garder tes mains occupées, tu peux tenir une tasse de thé, de café ou n'importe quel autre objet qui t'obligera à limiter tes gestes, même si l'idéal serait de pouvoir dominer tes mouvements sans aucune aide.

Bien que cela puisse te paraître absurde, la seule véritable façon d'apprendre à maîtriser ton langage non verbal, et éventuellement de le modifier si nécessaire, est de l'étudier de l'extérieur.

Si tu as des vidéos de toi en train de parler ou de faire un discours, le mieux que tu puisses faire est d'observer ta posture, le ton de ta voix, tes gestes ou ton regard pour comprendre quelle impression tu donnes. Si tu n'en as pas, ne perds pas de temps : demande à quelqu'un de te filmer pendant que tu interagis avec les gens ou donnes un discours. Ensuite, tu devras analyser calmement le matériel et faire une véritable autocritique, naturellement, sans te décourager, pour comprendre avec honnêteté intellectuelle quels sont les points faibles de ta prestation en tant qu'orateur.

Es-tu trop sérieux ? Souris un peu plus. As-tu l'impression qu'ils ne t'écoutent pas comme tu le souhaiterais ? Gagne de l'autorité en augmentant un peu le ton de ta voix et en parlant plus lentement.

Vu que le langage non verbal transmet une grande partie de ton message, fais attention et contrôle tes expressions faciales, également ta tension musculaire et ta façon de respirer. Cela peut te sembler sans importance, mais ton public le perçoit immédiatement, et si tu te mets en place de la bonne manière, tu augmenteras l'efficacité de ton message et cela te permettra de te connecter beaucoup plus facilement aux autres.

Pour garder ta respiration sous contrôle, tu peux adopter une routine d'exercices respiratoires à faire tous les matins (ou tous les soirs). En plus d'être incroyablement relaxants, ils seront une incitation à méditer et à développer la maîtrise de soi. Associe simplement chaque inspiration et expiration à un certain nombre de secondes en gardant un rythme constant. Par exemple, tu peux diviser le rythme de ta respiration en trois phases : inspiration (5 secondes), apnée (5 secondes) et expiration (5 secondes).

Sans entrer en hyperventilation et en privilégiant toujours le bien-être du corps, cette pratique peut te faire découvrir tes habitudes les plus inconscientes, comme celles liées à la respiration.

Évite aussi les erreurs de communication non verbales suivantes :

- Il est vrai qu'il est mieux de fixer les yeux de ton interlocuteur pendant que tu lui parles (pour éviter d'être perçu comme peu sûr de toi ou peu sincère), mais n'exagère pas non plus, sinon, tu pourrais mettre l'autre mal à l'aise.
- Ajuste ta distance par rapport à ton interlocuteur : pas trop près, mais pas trop loin non plus. La zone de confort est un concept concret qui évolue cependant selon les circonstances (et aussi selon la culture), tiens-le donc en compte au moment de

décider où te positionner pendant que tu parles.
- N'aie pas peur du contact physique : sans être intrusif, il est toujours bon de donner une poignée de main ferme, une tape sur l'épaule ou le dos pour rassurer l'autre et présenter son discours avec plus de confiance.

Comment dominer une conversation

La qualité de nos relations est directement proportionnelle à la qualité de nos conversations. Lorsque tu parles, tu dois absolument éviter les silences embarrassants, car ils rendront ton message peu fiable. Comment faire ? Comment ne pas se sentir mal à l'aise lorsque l'on parle ? Pouvons-nous vraiment aller droit au but pendant la communication, en évitant de nous laisser entraîner dans cette phase de superficialité à laquelle la plupart des conversations semblent vouées ?

Voici quelques astuces pour percer le mur de la banalité et séduire rapidement ton interlocuteur :

- Utilise des questions ouvertes. Au lieu de demander : « Aimes-tu faire du sport ? », formule ta question de sorte à éviter une réponse sèche comme « Oui » ou « Non ». Tu peux élargir la conversation et la rendre beaucoup plus riche et plus intéressante en demandant, par exemple : « Comment aimes-tu occuper ton temps libre ? » De cette

façon, au lieu d'un « Oui » ou
d'un « Non » sec, tu donnes la possibilité à la personne que tu as en face de toi de fournir une réponse avec plus de détails et d'anecdotes, matériel précieux pour analyser le profil de ton interlocuteur et lui demander plus d'informations sur les histoires qu'il a racontées.

- Les gens aiment parler d'eux-mêmes : plus tu les laisses faire, plus ils t'aimeront. Écoute avec attention les détails que te donnent tes interlocuteurs, essaie de te souvenir de tout avec ta mémoire infaillible, que tu devrais avoir entrainée. Lorsque tu prononces un discours persuasif en moins de dix minutes, tu peux centrer ton message sur les principaux problèmes ainsi identifiés. Chacun de nous a un talon d'Achille et tu n'as pas besoin d'être Sherlock Holmes pour le trouver. Tout ce dont tu as besoin est d'un peu de patience, d'attention et (encore) de mémoire !

- Laisse ton interlocuteur raconter une histoire. Nous sommes des êtres humains et, en tant que tels, nous vivons d'histoires, de contes, de souhaits et d'espoirs. Lorsque les gens te racontent des histoires personnelles, tu peux accéder à un plan émotionnel profond, et si tu réussis, rien ne t'arrêtera. Pour une communication efficace en moins de dix minutes, commence par raconter une histoire toi-même et invite ton interlocuteur à en faire autant. Cette pratique te mettra sur un niveau émotionnel commun qui enrichira ton interaction et facilitera le travail lorsque tu essaieras de convaincre l'autre. La proximité émotionnelle relâchera les défenses de ton interlocuteur, facilitant ainsi ton travail de persuasion.

- Maîtrise l'écoute active : tu es en train de parler avec ton superviseur ou à quelqu'un de qui tu veux obtenir quelque chose ? Montre de l'intérêt, révèle ta curiosité et ta participation dans la conversation, toujours naturellement, éventuellement en demandant des détails ou des éclaircissements sur ce que tu entends. Tu peux également façonner tes réponses en fonction des idées qui te sont transmises : la technique de répétition est très efficace et fonctionne également avec des gestes et des expressions ainsi que des mots. Moduler et adapter ton langage non verbal en fonction de celui de l'autre personne est une véritable prouesse. Nous sommes déjà dans le domaine de la P.N.L., mais tu peux essayer d'en faire l'expérience si tu en as envie. Sinon, essaie de poser des questions basées sur des choses dites par d'autres.

- N'interromps jamais ton interlocuteur. Penses-y un instant : aimes-tu être interrompu pendant que tu prononces ton discours ? Je ne crois pas. De même, n'interromps pas ton interlocuteur, laisse-lui le temps de terminer ses phrases et n'interviens que lorsque tu en as l'occasion, mais toujours de manière significative. L'écoute active sert également d'outil pour donner à ton interlocuteur le temps de se montrer et de s'impliquer. Rassemble des informations utiles et attends le bon moment pour frapper.

- Ne juge pas. Disons-le de cette façon : ton opinion n'intéresse personne, pas même toi-même, en ce moment. Si ton objectif est de persuader, convaincre et, finalement, manipuler (et en plus, en moins de dix minutes), évite absolument de porter des jugements ou d'exprimer des opinions. Tout d'abord, rappelle-toi que l'autre doit toujours être au centre de la conversation, et non toi ou tes opinions. Par conséquent, pour ne pas finir les mains vides, évite de porter des jugements, car tu risques sérieusement d'entrer en conflit avec ton interlocuteur, et de surcroît, en vain.

Reformuler le message

Parfois, il suffit de dire les choses correctement et toutes les portes que tu veux s'ouvriront. Les bons mots, prononcés au bon moment, peuvent réellement changer le résultat de ta communication. Voici quelques tactiques pour gérer ton pouvoir secret.

Par exemple : tu arrives au terme d'une présentation ou d'un discours public. Plutôt que de demander s'il y a des questions, et risquer alors un silence embarrassant, tu pourrais simplement dire : « Quelles questions y a-t-il à propos de ce sujet ? », en supposant ainsi que les gens aient des questions à poser. Tu peux rejeter ce mécanisme mental de différentes manières.

Voici un autre exemple : tu veux obtenir un numéro de téléphone. Il serait erroné de demander : « Peux-tu me donner ton numéro de téléphone ? », car cela ouvrirait la possibilité que l'on te dise non. La reformulation correcte de la même question serait : « À quel numéro de téléphone puis-je te contacter ? ». Ici, nous supposons également que nous recevrons le numéro de téléphone, évitant ainsi à notre interlocuteur la peine de prendre une décision (oui ou non).

La seule condition essentielle pour mettre en pratique cette technique est la confiance en soi, mais la bonne nouvelle est que, en utilisant cette stratégie mentale, l'estime de soi sera renforcée, alors en avant !

Autre exemple : de nombreux vendeurs expérimentés ont l'habitude d'utiliser le mot « imaginer », un petit mot magique qui a un grand pouvoir. Après le mot « imaginez », tu peux dire pratiquement tout ce que tu veux. Par exemple, s'il existe un scénario mental ou émotionnel qui peut être utile pour vendre ton idée et dans lequel tu souhaiterais placer tes auditeurs, il te suffit de leur demander d'imaginer une certaine situation et tu auras alors créé le réglage parfait pour ton discours. N'oublie pas que raconter des histoires est un grand pouvoir et que cette technique te permet de le faire facilement.

Une autre astuce pour convaincre rapidement et efficacement quelqu'un d'accepter ta proposition est de la présenter comme la dernière option d'un éventail de trois possibilités, précédée de deux possibilités médiocres. Bien sûr, tu sais déjà que tu veux qu'ils choisissent la troisième option, mais même ainsi, je te conseille de laisser ton interlocuteur prendre la décision. Présente les deux premières options de manière médiocre et enfin, propose ton idée, qui paraîtra beaucoup plus intéressante par rapport aux deux autres, moins attrayantes.

(2 Pour en savoir plus sur ces techniques discursives, je te recommande de lire Jones, P. [2017]. *Que faut-il dire exactement : Les mots magiques pour influencer et avoir un impact.*)

Astuces pour introduire une idée innovante

Si tu veux présenter une idée différente, lancer une proposition de *game changer* (comme on dirait aux États-Unis), voici la phrase que tu dois utiliser pour présenter ton idée : « À quel point as-tu ouvert d'esprit ? »

Une telle prémisse prédisposera inévitablement ton interlocuteur à écouter attentivement ce que tu as à dire, parce que personne n'aime s'entendre dire qu'il est étroit d'esprit, dépassé ou peu disposé à innover.

Si tu chatouilles intellectuellement l'autre, en lui lançant un défi comme « Voyons à quel point tu es prêt à prendre des risques », la réaction de ton interlocuteur pourra être la suivante : « Tu vas voir si je suis ouvert ou non, dis-moi ce que tu as à dire, j'écoute. »

Rassurer est une autre astuce pour persuader facilement quelqu'un : c'est le classique « Ne t'inquiète pas » ou « Je te le dis car tu es comme un frère pour moi ». En général, lorsque tu entends des phrases pareilles, tu dois faire attention, car dans cinquante pour cent des cas, celui qui te l'a dit essaie de te vendre quelque chose de matériel ou de te persuader de quelque chose en comptant sur la confiance que tu accorderais à un parent proche ou à ton meilleur ami. Inutile de te rappeler qu'il y a une grande différence !

De même, tu peux utiliser cette tactique pour mettre ton interlocuteur de ton côté. Rassurer est toujours un acte de pacification, et te permet de te rapprocher de ton interlocuteur et surtout de gagner sa confiance en très peu de temps. La stratégie fonctionne très bien avec les individus anxieux, névrosés ou peu sûrs d'eux, qui constituent la grande majorité des gens. Les chances de succès sont donc très élevées.

Comment convaincre n'importe qui pour qu'il te dise oui.

Si tu veux inciter quelqu'un à prendre une décision ou à te dire oui, voici comment tu dois présenter ton discours pour le convaincre en moins de dix minutes.

Essaie de commencer par cette affirmation : « Il existe deux types de personnes dans le monde… ». Cette phrase rendra ton interlocuteur curieux de savoir à quelle catégorie il appartient. De plus, en catalysant une décision possible vers deux extrêmes opposés, tu rendras le choix beaucoup plus facile pour ton interlocuteur : il devra choisir entre l'une des deux options que tu lui as exposées, libérant ainsi le champ de toutes les nuances intermédiaires qui rendent généralement la décision beaucoup plus compliquée.

Une autre astuce pour que l'on te dise oui, pour qu'on accepte ton idée, ou pour que tu puisses vendre ton produit, est de le présenter avec cette formule : « Avant de prendre une décision, résumons ce que nous avons dit jusqu'à présent. » Cette méthode te permet de travailler sur le rejet mental des gens et de le transformer en doute.

Au début, par méfiance, prudence, peur ou manque de sens du risque, les gens ont tendance à dire non. Cependant, si tu peux au moins suspendre leur jugement avant de recevoir une réponse négative réelle, alors tu auras gagné au moins un « peut-être » (et ce n'est pas une mince affaire).

À force d'exposer les pour et les contres de ta proposition, en évaluant les aspects positifs, mais aussi négatifs de ton idée, tu sèmeras le doute également chez l'adversaire le plus acharné, ce qui facilitera le travail de persuasion définitive ou la persuasion finale.

Une façon efficace de créer une connexion avec ceux qui t'écoutent est d'introduire un élément d'empathie, c'est-à-dire de commencer ton discours avec la phrase « Je parie que nous sommes pareils dans le sens où... » Cette technique fait en sorte que ton auditeur se sente complètement impliqué dans tes propos, surtout si tu peux vraiment identifier une caractéristique réelle qui les unit. Pour comprendre à quel genre de personne tu as affaire, tu peux lire divers signaux (je t'expliquerai ce qu'ils sont plus tard). Pour l'instant, rappelle-toi que si tu vois ton interlocuteur hocher la tête, tu auras la confirmation qu'il est d'accord avec vos similitudes et que tu as atteint ton but. Il sera donc très facile de lui faire dire oui.

Lors de ton discours, c'est toujours une bonne idée de faire référence à la masse (le fameux troupeau dont nous avons parlé plus tôt). C'est une astuce qui fonctionne, car elle tire parti du sens d'appartenance, qui est inhérent à chacun de nous. Même au prix de l'invention, présente ta référence à la masse avec une expression comme « la plupart des gens », évidemment suivie de l'opinion ou de la décision que tu veux instaurer dans l'esprit de ton interlocuteur. Savoir que quelqu'un d'autre pense ou fait ce que tu essaies de vendre ou de démontrer ne fera que faciliter la prise de décision de ton interlocuteur.

Annonce également ta proposition comme « La bonne nouvelle est que... » C'est une excellente astuce pour préparer positivement tes interlocuteurs. Évidemment, tu dois précéder ta proposition d'un scénario négatif, stressant ou complexe, auquel tu proposeras ensuite ta brillante solution, en présentant ton idée comme la « bonne nouvelle ». La réaction instinctive de ceux qui t'écoutent sera le soulagement, la positivité et la volonté de dire oui.

6

EN PRATIQUE

Maintenant, tu peux presque te définir comme un expert en manipulation mentale : tu connais les prémisses théoriques, tu peux te défendre contre les attaques extérieures et être conscient des implications affectives de cette pratique.

Mais ce n'est pas tout ! Tu connais également les exercices à pratiquer pour optimiser les techniques mnémotechniques et rhétoriques, et ainsi rendre efficaces les six armes secrètes de manipulation mentale en moins de dix minutes.

En plus de ces armes de manipulation, nous disposons aussi d'une autre technique qui peut faire la différence pour gérer efficacement un discours : il s'agit de pouvoir reconnaître le genre psychologique de la personne à laquelle tu es confronté.

Il n'est pas nécessaire d'avoir un diplôme en psychologie pour comprendre à quel genre de personne tu as affaire, mais bien de beaucoup de pratique pour observer les typologies humaines qui t'entourent.

Une bonne habitude, que je te recommande vivement d'adopter, c'est d'aller au parc ou sur une place de village, ou peut-être tout simplement dans ton bar préféré, et d'analyser minutieusement les personnes que tu vois autour de toi. Assieds-toi et observe-les diligemment, peut-être en écrivant tes observations dans un cahier : quel genre de posture cette femme d'âge moyen a-t-elle en payant à la caisse ? Que révèlent les gestes du couple assis devant toi ? Que peux-tu deviner à partir des expressions faciales des messieurs qui se disputent dans le coin ? Réussis-tu à comprendre qui détient le pouvoir dans les relations de couple qui t'entourent ?

Tu as à ta disposition un matériel humain de recherche très riche et utile avec lequel tu pourras perfectionner tes compétences d'observation et développer des stratégies pratiques au travail et dans la vie privée qui te permettront de devenir un manipulateur professionnel.

Observer les signaux des personnes

" Vous n'avez pas besoin de faire un interrogatoire poussé pour comprendre ce qui se passe dans la tête de quelqu'un. Les signaux sont toujours les mêmes, vous devez seulement savoir les capter*"*.

— *Larae Quy, agent du FBI*

En premier lieu, apprends à cataloguer les gestes, notamment en les reliant à un état mental : quels sont les mouvements que tu peux observer qui sont en relation avec le stress, la nervosité ou l'anxiété ? Quels sont ceux qui trahissent de la peur ou de la méfiance ?

Par exemple : si ton interlocuteur – peut-être ton partenaire – ferme souvent les yeux en parlant, cela révèle le besoin inconscient de se cacher du monde extérieur. Plus spécifiquement, si tu as une conversation avec une personne qui ferme à moitié les yeux (ou les ferme complètement), cette personne est en train de t'envoyer un signal de fermeture. Cela signifie que le mieux que tu puisses faire est de reporter la discussion à un autre moment, pour ne pas risquer de perdre ton temps, spécialement si tu as quelque chose d'important à dire.

Si une personne met sa main devant sa bouche en parlant, ou fait semblant de tousser, on peut supposer qu'elle cache quelque chose ; il y a certains détails ou informations qu'elle ne veut pas révéler.

Au contraire, lorsqu'une personne met son visage dans ses mains, ou tient sa main sous son menton, c'est un signe d'ouverture, ou, dans certains cas, de séduction. Lorsque tu vois que quelqu'un t'écoute dans cette position, tu peux être sûr qu'il y a beaucoup de chances pour que ton discours ait du succès.

De même, lorsqu'une personne se frotte les mains (même s'il ne fait pas froid), c'est un signe de positivité et tu peux donc rester tranquille si tu perçois ce geste chez ton interlocuteur. Il est d'usage de faire ce mouvement avec les mains lorsque tu t'attends à des résultats positifs imminents. Donne le feu vert à ton discours, sans crainte, lorsque tu perçois ce signal.

Fais attention à la poignée de main (même celle que tu offres aux autres). Si, lorsque tu sers la main de quelqu'un, il t'offre également sa main libre, cela signifie qu'il s'avère être un ami de confiance. Mais sois prudent lorsque tu l'utilises avec des personnes que tu ne connais pas : elles pourraient l'interpréter comme une atteinte à la vie privée. C'est un geste largement utilisé par les politiciens, et tu peux décider de l'utiliser également si tu veux donner une impression de confiance et de positivité à la fin d'un discours.

Si tu vois une personne donner la main et se toucher simultanément le coude, l'épaule ou le bras avec sa main libre, tu peux interpréter ce geste comme un symptôme d'insécurité : une personne qui fait ce genre de mouvements peut se sentir seule, ignorée et, inconsciemment, demander de l'attention. Si tu souhaites orienter ta communication vers cet individu, tu dois savoir que tu auras un auditeur attentif.

Si une personne te donne la main avec la paume vers le bas, elle essaie de démontrer sa supériorité et son pouvoir. Donc, si tu désires laisser une impression de force après la réunion, tends la main avec la paume vers le bas : ce sera un signe de puissance. Et si, au contraire, une personne te donne la main avec la paume vers le haut tu auras la confirmation qu'elle est disposée à t'aider.

En moyenne, un individu cligne des yeux six à dix fois par minute : si tu perçois une fréquence plus élevée que celle-ci, alors cette personne est probablement attirée par toi (ou par ton discours). C'est toujours une bonne idée de rechercher ce genre de signaux sur le visage ou, en général, dans l'attitude de tes interlocuteurs, car ils te donneront des indices importants sur la façon de poursuivre ton discours. Nous avons vu que le langage non verbal révèle bien plus de choses que les mots, d'où l'importance de « lire » les personnes auxquelles nous sommes confrontées.

Voyons maintenant un exemple de ces signaux non verbaux, où les différents comportements du sujet nous permettront de déterminer s'il nous aime ou s'il n'est tout simplement pas intéressé.

- Il ne te perd pas de vue : même si tu es dans un lieu bondé de monde, tu peux observer que ses yeux sont toujours à la recherche de l'endroit où tu es.
- Il exprime du bonheur lorsqu'il est près de toi : si tu plais vraiment à quelqu'un, lui sera très difficile de te cacher le plaisir qu'il éprouve à être près de toi, il l'exprimera avec le sourire.
- Reste bien droit : cela te permettra d'avoir l'air plus grand et plus attrayant.
- Réalise des actions d'approche : l'une d'elles, que nous ne prenons généralement pas en compte, est la position des pieds. Oui, je sais, cela semble assez étrange, mais la position de ses pieds pointés vers toi ou évitant même l'espace entre les vôtres peut signifier qu'il cherche à diminuer l'espace entre vous alors

Manipulation Mentale

qu'il ne peut pas le faire de manière si évidente.

Avec cet exemple, je pense qu'il te sera plus facile de les identifier, non seulement dans ce genre de situations, mais aussi dans toutes les autres qui se présentent à toi, c'est juste une question de prêter attention aux plus petits détails et aux attitudes qui te diront tout ce que tu veux savoir.

Astuces psychologiques

Il existe différents types de personnes, et il est bon que tu apprennes à les reconnaître si tu désires obtenir de bons résultats avec une communication rapide. En général, si tu veux avoir du succès en affaires ou dans ta vie, tu dois apprendre à interpréter rapidement la psychologie de tes interlocuteurs.

Par exemple, si tu es dans un restaurant et que tu vois un groupe de personnes qui rient, tu remarqueras peut-être qu'ils regardent tous vers la personne qu'ils trouvent la plus attirante. C'est un mécanisme psychologique instinctif : quand on rit de la blague de quelqu'un, on a tendance à chercher le regard d'une personne qu'on aime, pour obtenir inconsciemment son approbation.

Donc, si tu veux découvrir les secrets des gens qui t'entourent au travail, ou entre amis, essaie de faire des blagues amusantes et ensuite prête attention au jeu de regards qui se déroule pendant et après les rires. Ce que tu découvriras en utilisant un peu d'humour est vraiment incroyable !

Un autre truc auquel tu peux faire référence si tu dois vendre quelque chose ou convaincre quelqu'un, c'est l'effet d'ancrage. T'es-tu déjà retrouvé dans un magasin, peut-être à la recherche d'un nouveau maillot de bain ou, si c'était l'hiver, un nouveau sweat-shirt, et tu as enfin trouvé le vêtement qui te plaisait, mais c'est alors que… tu as lu l'étiquette et tu t'es surpris de son coût très élevé ? Tu t'es presque évanoui en lisant 300 €. Immédiatement, tu as pensé que ça coûtait trop cher et tu as donc remis le vêtement à sa place. Cependant, si sur l'étiquette tu avais vu que le prix original était de 700 € et que le nouveau prix était une promotion exclusive, ta réaction aurait été complètement différente, tu aurais probablement pensé que c'était une offre immanquable. Donc, pour ramener cette astuce au travail, si, par exemple, tu dois faire une proposition à ton chef pour demander que le budget soit alloué à un projet, tu peux essayer de présenter deux devis : l'un gonflé (inventé ou pas) et le second (le vrai) qui sera vu comme une option absolument plus convaincante par rapport à la première. Il sera sans doute plus facile que l'on te dise oui.

Le paradoxe du choix est une autre astuce que tu peux utiliser au travail. Selon ce principe psychologique, plus il y a d'options qui s'offrent à nous lorsque nous nous trouvons en train de choisir quelque chose, moins nous serons satisfaits du choix que nous faisons. Donc, si tu veux convaincre quelqu'un, peut-être ton partenaire, de choisir une option plutôt qu'une autre (que ce soient des vacances, un téléviseur ou un sofa), n'oublie pas de limiter les options que tu leur offres. Il sera plus facile de rendre les gens satisfaits de leur choix final si tu sélectionnes les possibilités pour eux, en présentant par exemple leur option préférée après deux options médiocres, pour la rendre plus attractive, comme nous l'avons vu.

Le classique des extrêmes : noir ou blanc, ça fonctionne toujours.

T'es-tu déjà demandé pourquoi le numéro de ta carte de crédit se divisait en groupes de 3 ou 4 chiffres ? Le cerveau humain ne peut mémoriser que des blocs d'information de 3 ou 4 chiffres à la fois : cela signifie que ton message doit toujours être hautement structuré et en même temps simple pour ne pas l'oublier complètement en trente secondes.

Stratégies pour le travail et la vie privée

Nous pouvons enfin appliquer la grande richesse des connaissances que nous avons accumulées dans ces pages dans notre vie quotidienne.

Si nous voulions résumer le sens des discours prononcés jusqu'à présent, nous pourrions le faire de cette façon : pour convaincre une personne en moins de dix minutes avec les six armes secrètes de persuasion, il te faudra beaucoup de pratique, beaucoup de logique, mais aussi beaucoup d'intuition.

Il n'y a rien que nous n'ayons couvert et que tu ne

puisses continuer à développer seul dans ta vie quotidienne.

Tu es sur ton lieu de travail et tu veux expliquer un concept, une idée, un projet... Ne base pas la discussion sur trop d'informations, il est mieux d'utiliser des analogies ou des histoires suggestives. Le marketing et la publicité ont magistralement adopté ce principe simple, selon lequel les gens ne se souviennent pas d'une chaîne de données, mais d'images ou de métaphores. Pense aussi aux discours qui ont attiré ton attention. Écoutes-en quelques-uns sur Internet et prête attention à l'information qui te marque le plus. Il s'agit de statistiques et de pourcentages ou d'exemples et d'anecdotes ?

Nous sommes tous trop habitués à une culture du travail (ainsi que d'étude) basée sur la quantité plutôt que sur la qualité de l'information. À l'école, nous obtenions les meilleures notes si nous nous souvenions en détail de la leçon d'histoire ou de la version latine, alors que notre intuition ou notre brillante performance rhétorique n'étaient que rarement récompensées. En fait, elles étaient parfois perçues comme un manque de sérieux ou d'engagement.

Penses-y : la méthode d'étude apprise entre les pupitres à l'école (et à l'université aussi) t'a-t-elle réellement appris à préparer une présentation réussie ou à faire un discours en public avec d'excellents résultats ? J'ai bien peur que non.

Pour cette raison, il est nécessaire de compenser cette carence par une méthode et une stratégie d'apprentissage vraiment efficaces.

Dans un premier temps, sur ton lieu de travail, essaie toujours de t'identifier avec tes collègues ou avec ton gérant. Dans quel sens ? Chacun joue un rôle différent au sein de l'entreprise, du bureau ou de l'école où il travaille et, par conséquent, il est évident que tu rencontreras certaines difficultés à établir des relations avec des personnes très différentes de toi. T'identifier avec la personne en face de toi, c'est prendre du recul et toujours mettre l'autre au centre de ton attention, une habitude que tu devrais déjà avoir prise, grâce à la pratique de l'observation et de l'écoute active exercée quotidiennement, peut-être même en notant les résultats de tes recherches.

Voici d'autres tactiques que tu peux adopter pour obtenir ce que tu veux et convaincre ton entourage.

Tout d'abord, montre ta décision et justifie tes déclarations en fournissant un « parce que » clair à la base de ton choix : de cette manière, les autres seront plus susceptibles d'accepter ta décision sans se plaindre.

« Je dois me déplacer dans la pièce la plus lumineuse parce que la webcam de l'ordinateur ne me permet pas de bien voir mon image lorsque je parle aux clients », par exemple. « Il ne m'est pas possible de venir ce soir parce que j'ai déjà pris rendez-vous avec mes chers amis de Milan avec qui nous devons examiner de vieux documents. » Vérité ? Mensonge ? Nous ne le savons pas, l'important est de pouvoir bien expliquer le pourquoi.

Les gens ont besoin de se sentir rassurés, et, grâce aux mots, tu peux vraiment faire des miracles. Le problème éthique du mensonge ou de la vérité ne se pose même pas, car l'important est d'obtenir le résultat souhaité.

Pour jouer le rôle de médiateur, celui qui rassure, tu ne peux à aucun moment te permettre de perdre le contrôle, sinon tu perdras aussi l'autorité qui jaillit de cette figure.

Répète mentalement l'impression que tu désires donner aux autres et tu verras que, à force de le répéter, ça se matérialisera. Tu es celui qui ne perd jamais le contrôle, son calme, celui qui garde tout et tout le monde sous son contrôle.

Souviens-toi du pouvoir du discours vague : laisse place à l'imagination des autres sans jamais t'engager, laisse les autres, en se projetant, combler les lacunes que tu as habilement placées dans ton discours. De cette façon, tu garderas leur subconscient sous contrôle.

Voici un certain nombre de types de caractères à prendre en compte lorsque tu interagis avec quelqu'un pour la première fois, ou que tu peux utiliser pour classer les gens que tu connais déjà. Savoir comment reconnaître ces profils te permettra d'adapter ton discours aux nécessités de la personnalité de ton interlocuteur, en profitant de ses points faibles.

Le perfectionniste

Ce type de personne aime juger : ça c'est bien, ça c'est mal. Il ne saisit pas les nuances du comportement des autres, il a tendance à avoir un sens éthique élevé de la justice et de la méritocratie. Les perfectionnistes épousent trop facilement les idéologies et se consacrent à l'excellence. Face à ce type de personne, il n'y a pas beaucoup de place pour la subtilité : tu devras forcément t'adapter à sa vision du monde, que ce soit en noir ou en blanc, et la convaincre que tu fais également partie de la faction à laquelle elle adhère complètement. Dire que tu es entièrement d'accord avec ses opinions, l'écouter avec un intérêt simulé ou faire preuve d'admiration, de surprise et de révérence te mettra en relation avec ce type de personne.

Le généreux (ou l' altruiste)

Souviens-toi du double sens de la générosité : en réalité, le don n'est jamais gratuit. Ce type de personne aide les autres à se sentir importants. En général, l'altruiste aime s'entourer de personnes plus faibles pour pouvoir exercer son pouvoir. Par conséquent, face à cette typologie de caractère, tu devras simuler la prostration, la reconnaissance et la gratitude. Évite de montrer du rejet et de la dissidence : les généreux doivent croire qu'ils sont nécessaires, que tu as besoin d'eux. Ils ne tolèrent absolument pas la diversité. Il s'agit essentiellement de personnes peu sûres d'elles qui ont besoin d'être remarquées et reconnues, mais qui cultivent un narcissisme secret. Les félicitations et la vanité sont le pain quotidien de ce type de personne, et tu devras lui en donner à volonté pour pouvoir nourrir son gigantesque ego.

L'exécuteur

Ce sont des personnes qui s'identifient fortement à leur mission dans la vie, généralement à leur travail. Ils confondent les priorités et se considèrent comme extrêmement productifs, parfois au prix d'un stress important et d'une hyperactivité. Ils se considèrent comme brillants et aiment montrer leurs titres et positions. La vanité est à l'ordre du jour et, là aussi, les compliments sont le principal moyen de t'attirer leurs faveurs. Il n'est jamais bon de les importuner, de tenter de bouleverser leur routine ou leur dépendance à l'égard du travail. Ces personnes s'identifient avec leurs actions, tu dois donc leur laisser la possibilité d'intervenir pour qu'elles puissent te démontrer (même si tu le sais déjà) qu'elles sont aussi productives qu'elles disent l'être. Une fois que tu auras été témoin de leurs actions, tu entreras automatiquement dans leurs bonnes grâces.

Le romantique

Également appelé l'artiste, ce type de personne est un subordonné, c'est-à-dire qu'il sait qu'il mène une vie différente de la moyenne et, dans certains cas, il peut en souffrir, surtout lorsqu'il la compare à celle des autres. La créativité est la valeur principale de ce type de personne, donc, pour pouvoir se connecter avec ces personnalités, l'art, la créativité et la sphère imaginative sont les terrains les plus fertiles. Grâce à leur sensibilité aux nuances, tu peux affronter la profondeur sans craindre d'être jugé négativement.

Au contraire, il est bon d'éviter les discours superficiels, les clichés ou parler de rumeurs. Feu vert à la pensée critique, au partage d'expériences – si elles sont artistiques, c'est encore mieux –, et à l'éloge de l'imagination.

L'observateur

Il possède une personnalité qui tend vers la sagesse, la connaissance et l'autonomie. Il a toujours des données, des informations et de nouvelles idées pour enrichir les discours, mais il évite les contextes de sociabilité et de divulgation des relations. L'intimité et les conversations profondes sont idéales pour percer ce type de personnes, et, surtout, l'écoute active est l'une des compétences qui peuvent être mises en jeu pour lui permettre de démontrer ses connaissances.

Il vaut mieux faire attention au contexte de ton discours : éviter d'interagir en groupe ou au milieu de nombreuses autres personnes. Au lieu de cela, préfère les situations intimes et réservées. Il est nécessaire de satisfaire les besoins de cette personnalité, notamment en ce qui concerne la manière dont se déroule votre interaction.

Le sceptique

Il s'agit d'une personnalité extrêmement pessimiste, anxieuse et préoccupée par d'éventuels problèmes (plutôt que par les implications positives) dans les situations dans lesquelles il se trouve.

Les personnes qui ont cette inclination de caractère sont motivées par le sentiment de peur et ont donc tendance à avoir besoin de confort, de sécurité et de protection. Ce sont donc les qualités que tu devras afficher lors d'une conversation persuasive avec de telles personnes.

L'optimiste

Ce sont des gens qui ne sont pas très présents pour eux-mêmes, car ils sont toujours projetés dans des scénarios futurs. L'optimisme consiste en fait en une anxiété liée à la situation dans laquelle cette personnalité se trouve. Par conséquent, ce type de personne bénéficiera grandement d'une interaction détendue, sans tension et sans attente. Un ton de voix calme, l'absence de stress lié à la planification et une concentration sur le moment présent aideront cette personnalité à s'ancrer dans la réalité et à équilibrer la tension pour l'avenir.

Le chef

C'est une personnalité extrêmement catégorique, divisant le monde en catégories : forts et faibles, intelligents et naïfs, gagnants et perdants. Ceux-ci sont des personnes extrêmement motivantes, douées de leadership et sujettes aux excès. Ce sont généralement des personnes égocentriques et qui aiment protéger les autres. Avec ce genre de personnalité, il est bon de simuler d'être faible, de se laisser protéger, même si tu n'en ressens pas le besoin. En fait, cette dynamique permet à l'autre d'afficher ses caractéristiques essentielles en tant que sauveur.

Le médiateur

Ce sont des gens qui fuient le conflit. Avec ce type d'individu, il est bon d'éviter à tout prix de montrer des opinions fortes, qui pourraient aboutir indirectement à des conflits ou des attaques personnelles. Il te faut aborder et poser le sujet avec une extrême diplomatie, de la délicatesse et sans provocation. Pour gagner la confiance de cette personne, il faut le mettre à l'aise, voire lui demander d'intervenir dans une médiation, même si ce n'est pas nécessaire, afin de l'impliquer dans un domaine familier.

Exercices éfficaces

Essaie de mettre en pratique tout ce que tu as appris dans ce livre en engageant une conversation avec des inconnus : il te sera beaucoup plus facile de deviner quel type de personne tu as devant toi, et d'utiliser ensuite des tactiques de conversation efficaces lorsque tu ne sais pas à qui tu as affaire et qu'il n'y a pas de poids émotionnel dans la conversation.

Un deuxième exercice consiste à choisir consciemment l'étranger à approcher : essaie de faire une hypothèse mentale sur quelqu'un que tu observes près de toi, soit dans un bar soit dans un parc, et essaie ensuite d'analyser la personne que tu as choisie afin de vérifier si tes suppositions étaient exactes ou pas. De cette façon, tu sauras si ta capacité à lire le langage non verbal fonctionne ou pas.

Essaie aussi de t'écouter toi-même. Enregistre tes discours avec un ami, ou dans une situation qui t'est familière. Arrives-tu à mettre en pratique les techniques que tu as étudiées ? À quel point ton discours est-il simple/complexe ? Peux-tu citer des exemples ou des anecdotes sous forme d'histoires intéressantes ? Tous ces détails feront la différence lorsque tu te retrouveras dans une conversation persuasive en moins de dix minutes.

Prends aussi note de l'effet que tes questions produisent. Peux-tu, par le biais de questions ouvertes, emmener ton interlocuteur exactement là où tu le souhaites, briser son monde, et l'amener à interagir avec toi et à élargir le discours ?

Voici un autre secret pour manipuler ton auditeur efficacement : lorsque nous écoutons un nouveau concept, notre cerveau aura tendance à se relaxer s'il perçoit de l'information familière. En d'autres termes, nous sommes plus réceptifs si nos croyances initiales sur un certain sujet sont confirmées d'une manière ou d'une autre.

Organise donc tes discours de manière à confirmer le plus possible les opinions, les préjugés et les structures mentales de ton auditeur. C'est une véritable révolution dans la conversation qui aura des effets surprenants.

Manipulations virtuelles

De nos jours, l'une des méthodes de manipulation les plus utilisées est le virtuel. C'est la nouvelle frontière de persuasion, et elle peut avoir lieu de différentes façons. Du point de vue du manipulateur, le support virtuel est sans aucun doute pratique : en fait, il permet de pénétrer profondément dans l'intimité d'une personne, pratiquement gratuitement.

Pensons aux expériences (loin d'être souhaitables) de harcèlement ou d'extorsion et dans quelle mesure une présence virtuelle, simple mais constante, à travers des messages Whatsapp, des e-mails et des réseaux sociaux, peut devenir un véritable cauchemar psychologique.

Bien sûr, pour se défendre contre ce type d'expériences, il faut se rappeler que l'on a le pouvoir de bloquer la réception de messages de ceux qui ne nous plaisent pas, même si ce n'est pas toujours aussi simple. Très souvent, la manipulation s'étale dans le temps et il est donc extrêmement difficile de la reconnaître en tant que telle, du moins au début.

En espérant évidemment de ne jamais se retrouver dans une situation de victime, il est bon d'aborder le support virtuel avec une extrême prudence : filtre toujours les messages désirés et les courriers indésirables dans ta boîte de réception.

En revanche, pour exercer un contrôle sur les personnes qui nous entourent, nous pouvons utiliser la méthode virtuelle comme une sorte de renforcement de notre pouvoir : ignorer les messages lorsque nous voulons maintenir l'autre personne dans un état de dépendance, en faisant attendre nos réponses (même pendant plusieurs jours) pour maintenir la supériorité psychologique et, surtout, pour se rappeler que nous sommes toujours maîtres des outils technologiques à notre disposition (et jamais le contraire).

En fait, nous avons souvent tendance à nous considérer comme victimes des appels, des e-mails et chaînes Whatsapp, en oubliant que nous pouvons (et devrions) en garder le contrôle.

Le détachement de la technologie est une excellente occasion pour exercer ta capacité à être maître de toi-même. De ce fait, c'est la principale stratégie de manipulation de masse de notre époque, et être indépendant de ce type de persuasion globale est un grand avantage.

Entraîne-toi à passer du temps sans les stimuli qui viennent d'Internet : tu découvriras que tu es mieux connecté à tes pensées, une arme que tu dois utiliser à ton avantage.

Même au travail, tu peux organiser ton temps sur la base de ce principe : ne pas répondre rapidement aux demandes des autres est souvent une excellente stratégie pour fixer des limites et délimiter une zone d'influence sur les autres.

7

LA FAMILLE DE CHARLIE : UN CAS DE MANIPULATION MALIGNE

L'histoire regorge de grands exemples de manipulation mentale. Malheureusement, dans la plupart des cas, l'exemple est particulièrement négatif.

En fait, il n'est pas rare de lire les histoires de dirigeants politiques et de dictateurs qui ont utilisé la manipulation mentale pour influencer les personnes plus faibles et les pousser à faire ce qu'ils considéraient comme un sale boulot. Prenons par exemple les discours d'Adolf Hitler, Benito Mussolini, ou encore ceux de Donald Trump. Ce sont des discours pleins de slogans et de rhétorique, pointant tous dans une seule direction : faire croire aux gens qu'ils sont dans une sorte de guerre : nous contre eux.

Il est facile de comprendre les raisons pour lesquelles ces dirigeants choisissent cette approche dans leurs discours. Les gens ont tendance à prendre parti, à se tenir d'un côté ou de l'autre, et ils aiment se sentir du bon côté. Ceux qui parviennent encore à utiliser correctement cette stratégie n'auront aucune difficulté à gagner un large public et, dans certains cas, ils pourront même se permettre de déléguer le sale boulot.

Un exemple parfait de manipulation de l'esprit dans la chronique noire est l'histoire de Charles Manson et de sa famille, qui a récemment fait la une des journaux après le film *Il était une fois à Hollywood* de Quentin Tarantino.

Charles Manson était un homme très controversé, un symbole du mal pour de nombreuses personnes. Un homme plein de charisme qui est parvenu à concevoir et à commettre l'un des crimes les plus odieux du siècle dernier sans même avoir à se salir les mains.

Comment a-t-il fait ? En exerçant, au fil du temps, une manipulation mentale sur ses adeptes.

Manson naît en 1934 à Cincinnati, Ohio. Son enfance est terrible. Son père biologique abandonne la famille peu de temps après sa naissance, et sa mère, Kathleen Maddox, enchaîne les petits boulots, les relations occasionnelles violentes et un style de vie généralement insouciant. Charles, qui a grandi dans cet environnement très dégradé et certainement inadapté à un enfant, développe des aspects de son caractère qui lui seront très utiles par la suite : il sait mentir, il sait immédiatement quoi dire aux gens pour gagner leur confiance, il a des accès de colère soudains et il est très naturel pour lui de voler et de commettre des crimes sans le moindre remords.

À partir de l'adolescence, Charles fait des allers-retours en prison. Derrière les barreaux, il perfectionne son talent de manipulateur ainsi que sa soif de violence. La vie derrière les barreaux n'est pas rose, et dans les années soixante, elle l'était encore moins. L'une des rares passions « saines » de Charlie était la musique. Il aimait les Beatles et rêvait de collaborer avec eux. Manson écrit des chansons et apprend à jouer de la guitare. Il semble qu'il ait trouvé sa voie dans la vie.

Mais ce n'est qu'un feu de paille et, en 1967, Manson sort de prison à San Francisco dans ce qui était sur le point de devenir « The Summer Of Love », l'été de l'amour libre. Un terrain idéal pour manipuler. Bref, Manson rassemble autour de lui quelques traînards, souvent en colère contre le monde ou avec le cerveau embrumé par la drogue. Des proies parfaites pour un manipulateur et menteur comme Manson, qui devient leur leader, une sorte de réincarnation du Christ.

Manson crée un réseau de trafic de drogue et prêche l'amour libre dans sa communauté, la « Famille ». Il réussit également à se lier d'amitié avec Dennis Wilson, du groupe de musique populaire The Beach Boys. Mais les choses ne se passent pas comme Manson l'a prévu (entrer dans le monde de la musique par la grande porte) et Charles jure de se venger, en mettant en œuvre un plan qu'il a en tête depuis longtemps. Manson ordonne à ses plus fidèles partisans de pénétrer par effraction dans la villa habitée par Terry Melcher (un producteur de disques qui l'avait repoussé) et de tous les tuer. À ce moment, Roman Polansky et sa femme enceinte, Sharon Tate, y vivent. Roman est en Europe pour affaires et Sharon a invité des amis ce soir-là.

Les partisans de Manson massacrent sauvagement tout le monde pendant que Charles attend dans la voiture. Il a confiance en ses subordonnés, il les a manipulés à la perfection. Ils feraient n'importe quoi pour lui, sans jamais poser de questions, même tuer. Le meurtre choque toute la nation, mais ce n'est que le début, car, le lendemain, « la Famille » tue deux autres personnes.

Mais quelque chose ne va plus dans la manipulation mentale de Manson. Certains membres de la Famille commencent à comprendre ce qu'il se passe et décident de s'en aller. Certains d'entre eux sont arrêtés et c'est à ce moment que Manson commence à trembler. Peut-être réalise-t-il qu'il a eu les yeux plus gros que le ventre et qu'il n'est plus capable de manipuler comme avant. C'était censé être le début de sa gloire, mais au lieu de cela, les meurtres furent le début de sa fin.

Quelqu'un avoue et Manson et le reste de la Famille sont finalement arrêtés et jugés. Au procès, Manson réussit d'une certaine manière à regagner en partie son influence sur ses fidèles, qui tentent de l'exonérer, mais tout cela n'est pas suffisant et Manson et les membres de la Famille responsables des assassinats sont condamnés à perpétuité.

Mais comment est-il possible que certaines personnes soient si faciles à convaincre de commettre un meurtre ou de faire un sale boulot ?

Manson apprend à dominer les techniques de manipulation mentale en prison (il acquiert aussi un incroyable talent pour le mensonge et le crime en général) et les met en œuvre sur le terrain le plus fertile possible : celui des personnes confuses et sans aucun guide, ce qui fait de lui leur saint. C'était facile pour Manson de faire pression sur ces personnes pour qu'ils fassent ce qu'il voulait, pour créer le « nous contre eux » dont il avait besoin pour consolider leur loyauté envers lui. Mais quand le monde lui dit qu'il n'a absolument rien de spécial, il devient fou et perd le contrôle.

Manson a su profiter d'une période favorable, mais il est très difficile de manipuler pendant longtemps. Tôt ou tard, la corde se brise et la première erreur est le début de la fin de chaque manipulateur.

Même Tex Watson, l'un des auteurs des meurtres, a conclu que Manson n'était qu'un manipulateur sadique et s'est excusé pour son implication dans les meurtres. Qu'est-ce qui l'a amené à obéir à la demande de tuer de sang-froid une femme enceinte qui ne lui avait rien fait ?

Tex, qui a maintenant embrassé la foi, a assumé l'entière responsabilité des meurtres qu'il a commis et a déclaré que Manson pouvait manipuler, mais que c'était sa faute de lui avoir permis de le faire. Manson a intercepté un besoin d'affection et d'évacuation de la colère refoulée en Tex, et il l'a exploitée à son avantage.

Voici donc un parfait exemple de manipulation de l'esprit, qui a conduit des enfants confus à devenir des tueurs impitoyables et à mourir en prison, qui a causé la mort de personnes innocentes de façon horrible, et a permis à l'instigateur des meurtres de devenir une sorte d'icône pop.

On pourrait presque dire que la manipulation de Charles Manson subsiste de nos jours.

8

DE QUELLES MANIPULATIONS MENTALES DE LA SOCIÉTE SOMMES-NOUS VICTIMES : THEY LIVE

En 1988, le film « They Live » sort dans les salles américaines, écrit et réalisé par le réalisateur légendaire John Carpenter et mettant en vedette le célèbre lutteur « Rowdy » Roddy Piper. Dans le film, le personnage de Piper (un homme ordinaire nommé John Nada) trouve une paire de lunettes de soleil qui lui permettent de voir le vrai visage de la société et une série de messages subliminaux (comme le message « This is your God » sur les billets). Nada essaie d'avertir les gens de ce qu'il se passe, mais rien ne se déroule comme prévu.

Le film a été un grand succès au box-office même si, comme les autres films de Carpenter, il a été positivement réévalué par la suite et son message reste encore très pertinent de nos jours.

En fait, la société n'a jamais cessé de manipuler l'esprit des gens, et ce depuis toujours. Effectivement, la situation est de plus en plus compliquée.

Imagine ce qu'on appelle une personne qui réussit dans la société moderne : un homme (ou une femme) avec un bon travail (éventuellement avec un rôle influent, malheur à toi si tu choisis un travail manuel), qui porte de beaux vêtements (évite comme la peste les vêtements bon marché), qui conduit une nouvelle voiture et peut faire ce qu'il veut. Ce type de personne est considéré comme un gagnant et est le modèle auquel aspirent de nombreux jeunes.

Et que dire des études ? Une bonne école qui peut te donner une base générale, puis l'université, la spécialisation, le stage, puis ton travail de bureau où ton patron te demandera de rester, souvent et de bon cœur, pour faire des heures supplémentaires. Penses-y, ceux qui n'ont pas obtenu leur diplôme sont considérés comme moins intelligents et moins autoritaires et n'ont pas les mêmes chances que ceux qui ont obtenu leur diplôme, même s'ils peuvent être plus brillants que des dizaines de diplômés. Après tout, l'histoire est pleine de gens qui ont réussi sans avoir terminé leurs études universitaires, mais le récit de la société a tendance à les ignorer.

Il suffit de voir ce qui est diffusé à la télévision et dans les publicités pour comprendre la manipulation effectuée par les médias. Pense aux publicités pour des vêtements ou des voitures, ou même pour de la nourriture. Des familles heureuses, deux enfants (strictement masculin et féminin), des modèles parfaits et un message subliminal : si tu veux être heureux, tu dois être comme eux.

Ce n'est pas seulement du marketing pour vendre, c'est aussi une manipulation mentale qui envoie un message très clair : si tu veux être comme eux (heureux et prospère), tu dois absolument acheter ce produit.

Mais peut-être que la plus grande manipulation qui a lieu dans la société d'aujourd'hui est liée aux réseaux sociaux. Les différents influenceurs font beaucoup de manipulation mentale (souvent inconsciente, mais aussi consciente) auprès des utilisateurs, créant une émulation et poussant de nombreuses personnes à croire que leur style de vie est parfait et que se montrer est la seule raison d'exister. Cela me donne vraiment la chair de poule quand je vois des groupes d'amis à table dans un restaurant et qu'ils sont tous fixés sur l'écran du portable au lieu de se parler, tous plongés dans un monde virtuel, qui n'existe pas, et où très peu se soucient vraiment d'eux. Mais où ils peuvent donner libre cours à toutes leurs frustrations.

Cependant, ce sont des manipulations qui peuvent aussi être considérées comme « inoffensives » (même si Pasolini avait déjà alerté la population sur les risques des médias et le fait que ceux qui apparaissent à la télévision sont immédiatement perçus comme plus autoritaires que les autres). Le vrai risque de manipulation à notre époque est celui des *fake news* et de tous les problèmes qu'elles peuvent engendrer.

Sur le Web, nous pouvons écrire tout et son contraire, si bien que nous ne savons plus où est la vérité et où commence la manipulation. Il y a des partis politiques (et des dirigeants) qui fondent l'essentiel de leur succès sur la désinformation et la distorsion de la réalité, et avec cette manipulation (dire aux gens ce qu'ils veulent entendre, leur retirer toute responsabilité ou trouver un « ennemi » à blâmer pour quoi que ce soit), ils obtiennent ainsi un grand pouvoir (par exemple, Donald Trump aux États-Unis). Peu importe que ces dirigeants se révèlent inaptes à réaliser ce qu'ils ont promis. Dans ce cas, il leur suffit de trouver un autre bouc émissaire et le problème résolu.

Sans parler du phénomène de dissonance cognitive. Celui-ci est le processus de pensée qui se produit lorsque tu crois en quelque chose (dans ce cas, en ce que dit un politicien) et que tu réalises ensuite que tout ce que tu croyais est faux. Tu as voté pour un politicien qui a promis une énorme réduction d'impôts, mais elle n'est pas venue et, en réalité, les impôts augmentent de plus en plus.

Dans ce cas, il est facile de conclure que le politicien a menti ou qu'il n'est pas capable de tenir ses promesses. Beaucoup de ceux qui ont voté pour lui ne le feront certainement plus aux prochaines élections.

Beaucoup, tandis que d'autres seront victimes de la dissonance cognitive.

En bref, c'est un « mécanisme de défense » (si on veut le considérer ainsi) du cerveau qui rejette littéralement l'idée d'avoir commis une erreur et de s'être laissé convaincre par de fausses promesses ou manipulations. Les « gouvernements précédents » ou les « puissances fortes » sont blâmés, ou les victoires (réelles ou supposées) sont mises en avant au lieu des échecs, même au prix de la création d'un récit qui n'existe pas.

Il s'agit également d'une manipulation mentale des

médias, qui ont compris le phénomène et comment l'exploiter à leur avantage, notamment dans le cas de la conspiration QAnon et Pizzagate.

Le cas de QAnon est emblématique à cet égard. Nous pouvons tout dire sur Donald Trump (en tant qu'homme d'affaires, personnalité publique et homme politique), mais sa popularité ne cesse de décliner, notamment à cause d'une série de décisions impopulaires. Et c'est ainsi que naît QAnon, une gigantesque théorie du complot qui met au centre l'opposition, les pédophiles, les juifs, les puissances fortes et bien d'autres choses et qui dépeint Trump comme le seul sauveur du monde, attendant le bon moment pour arrêter tout le monde. Sauf que le moment n'est jamais venu et que les partisans de Trump doivent ajouter d'autres éléments à la conspiration pour la maintenir en vie, comme Pizzagate, une pizzeria de Washington qui servirait de façade à un réseau de pédophiles appartenant à Hillary Clinton.

Un canular, bien sûr, mais qui a continué à se répandre sur le Web pendant longtemps, jusqu'à ce qu'un homme du nom d'Edgar Welch fasse irruption dans le club pour « libérer les enfants emprisonnés ». Sauf que, bien sûr, il ne trouva rien.

Résultat ? Edgar a été condamné à quatre ans de prison et à plus de cinq millions de dollars de dédommagement au club. Cependant, Edgar n'a jamais réfuté publiquement quoi que ce soit à propos de Pizzagate, probablement pour ne pas avoir à admettre qu'il a eu tort et éviter que l'on se moque de lui, mais nombreux sont ceux qui croient encore à la véracité de la théorie. Serait-ce un signe que la manipulation mentale a atteint son but ?

9

SE DÉFENDRE DE LA MANIPULATION SUR LES RÉSEAUX SOCIAUX

Une grande partie de la communication se fait désormais via les réseaux sociaux, tant à un niveau personnel que dans le marketing et la publicité. Nous avons déjà beaucoup parlé des dangers de la manipulation sur les réseaux sociaux, mais est-il possible de les reconnaître à l'avance et de s'en défendre ?

Oui, c'est possible et cela pourrait être beaucoup plus simple que tu ne le penses.

La première chose à faire est de comprendre le fonctionnement de la publicité sur le Web. Lorsque tu navigues, tu laisses des « traces » de ton passage et plusieurs sites récoltent ces traces (que tu peux également laisser consciemment, par exemple, en acceptant les conditions d'utilisation d'une application ou en effectuant un test, ou après avoir cliqué sur une bannière publicitaire) et ils vendent ces données à des agences de marketing, qui peuvent répertorier tes intérêts et te proposer des choses qui, en théorie, pourraient te plaire.

C'est pourquoi tu vois toujours des publicités universitaires en ligne après avoir cliqué sur cette bannière, ou des publicités sur les réseaux sociaux apparaissent qui semblent faites sur mesure pour toi. Ce sont les empreintes que tu as laissées qui le permettent et il n'est pas rare que ces données soient vendues à des agences de communication et utilisées pour créer des campagnes publicitaires et électorales personnalisées. Aimes-tu le contenu d'un politicien en particulier ? Alors, comme par magie, tu seras toujours informé de ce qu'il fait et tu verras apparaître d'autres contenus de ce genre.

Sois donc prudent avec les traces que tu laisses en ligne, car elles sont très susceptibles d'être utilisées contre toi. Apprends à porter une attention particulière aux sites que tu visites et aux endroits où tu cliques, car il est facile que ces informations arrivent dans les mains de personnes qui pourraient en abuser.

Comment se défendre contre les *fake news* ?

Premièrement, reste calme. De nombreuses nouvelles et de faux contenus sont conçus pour susciter une réaction immédiate des utilisateurs. L'action peut être un commentaire ou un partage et avoir pour effet de donner une plus grande visibilité à l'actualité, en la diffusant sur le Web.

Alors n'agi,s jamais par impulsion lorsque tu vois un contenu qui parvient à créer une réaction, relis-le et prends la peine de vérifier l'authenticité de ce que tu as lu.

En réalité, beaucoup d'informations ne sont que des *fake news* créées intentionnellement pour manipuler et exploiter des faiblesses ou un sentiment général d'insécurité, dans le but « d'empoisonner les puits » et générer des clics et des visites sur des sites.

Nous devons toujours essayer de vérifier la source originale de l'actualité et d'établir son authenticité, en remontant au premier site qui l'a publiée. A-t-il une bonne réputation ou bien tout le monde le considère-t-il comme un mauvais site ? Si le site n'est pas crédible, il s'agit probablement de fausses nouvelles.

Recherche sur Google d'autres versions de l'actualité ou copie le titre en ajoutant « fake news » dans la requête de recherche et vérifie les résultats.

De même, les photos d'actualité peuvent être des images hors contexte, datées ou montées. Google dispose d'un bon moteur de recherche d'images que tu peux utiliser pour vérifier de première main si la photo est réelle et dans quel contexte elle a été prise.

Alors, que dois-tu faire si tu tombes sur d'évidentes *fake news* ?

Une bonne suggestion est de les ignorer, sans les commenter d'aucune façon et donc évitant de leur donner de la visibilité. Il est également important de signaler les fausses nouvelles au réseau social qui les héberge ainsi qu'à la page (sauf s'il s'agit d'une page qui publie des *fake news*) ou à l'utilisateur qui les a publiées, afin qu'il puisse les supprimer.

Est-il utile d'essayer de discréditer les *fake news* ? Personnellement, je pense que oui, mais il est très difficile de faire changer les gens d'avis après un travail de manipulation efficace comme une série de fausses nouvelles. Il sera très difficile pour quiconque d'admettre qu'il a eu tort et de changer d'avis, mais c'est une bataille qui vaut la peine d'être menée pour pouvoir résister à la manipulation à laquelle nous sommes soumis tous les jours.

10

CONCLUSIONS

Contrairement à ce que nous pourrions penser, l'esprit humain n'est pas uniquement et exclusivement rationnel, et si nous ne tenons pas compte de la nature inconsciente de la communication, même le meilleur discours est voué à l'échec. La logique qui sous-entend l'écoute, l'action et, d'une certaine manière, la vie n'est pas nécessairement linéaire. Si tu es l'une de ces personnes qui se fie à cent pour cent au le pouvoir de la rationalité, peut-être que maintenant que tu es arrivé à ce point du livre, tu as commencé à comprendre qu'il y a un pouvoir secret caché dans tes mots et dans ceux des autres.

De nombreuses dynamiques psychologiques contribuent aux choix de dire oui ou non et, en tant que manipulateurs, les connaître nous permet de réorganiser efficacement nos discours.

Nous vivons dans un monde dominé par la méthode scientifique, la mesurabilité et l'idéal de justice. Nous avons introduit ce livre en déclarant à quel point la théorie d'un monde juste était irréaliste, en supposant que le monde dans lequel nous vivons est beaucoup plus complexe. Notre esprit aime les simplifications : c'est vrai, c'est faux, j'ai raison, tu as tort.

Cependant, après cette lecture, nous espérons avoir mis en lumière au moins un fait fondamental, à savoir que chaque individu vit dans un univers mental dans lequel quelque chose considéré comme faux par quelqu'un est absolument accepté comme valide par quelqu'un d'autre.

Ton travail en tant que manipulateur ne consiste en rien d'autre que ceci : découvrir le vocabulaire de ton interlocuteur et adapter ton discours en conséquence. Il existe évidemment des stratégies efficaces pour le faire et tu en as trouvé beaucoup ici. Mais il y a aussi une part d'improvisation, qui ne peut pas être planifiée, et c'est ce qui se passe lors d'une interaction communicative : la beauté des relations est qu'elles ne sont que partiellement prévisibles. Par conséquent, pour assurer le succès de tes discours persuasifs, tu ne devras faire qu'une seule chose : essayer !

Seule l'expérience du communicateur, du conférencier et du conseiller te fournira suffisamment de facilité pour pouvoir lancer tes idées directement vers le succès. Parle beaucoup, parle à tout le monde, avec des gens de toutes les catégories sociales, culturelles et économiques. Ton bagage humain doit être suffisant, et ce n'est que de cette manière que tu n'auras pas peur d'affronter les autres, tu connaîtras leurs secrets et pourras éviter les attaques de manipulation externes. Il est souhaitable que tu sois toujours la personne qui ait le pouvoir dans une relation, et pour ce faire, tu dois d'abord l'avoir sur toi-même.

Une fois cela fait, ton énergie sera si magnétique qu'il sera pratiquement impossible qu'on te dise non : bon travail, et n'oublie pas que chaque mot détient le grand pouvoir de changer le monde extérieur, mais également celui qui est intérieur. Les mots façonnent la vision du monde de ceux qui les prononcent, mais surtout de ceux qui les écoutent. Seuls quelques-uns exercent réellement ce pouvoir, et ils ne partageront certainement pas avec toi les secrets de l'art de la persuasion.

Si cette lecture t'a été utile, recommande donc ce livre à tes amis ou à ta famille, et aide-les à se protéger des manipulations extérieures et à devenir maîtres de leur propre vie, comme toi tu l'as déjà fait.

REMERCIEMENTS

Merci de votre confiance et d'avoir lu ce livre. Si cela vous a été utile, je vous demande de bien vouloir visiter le site où il a été acheté et de laisser un avis.

Vos commentaires sont importants pour moi et aideront les autres lecteurs à se faire leur propre opinion.

Je vous rappelle que j'ai réservé un cadeau rien que pour vous.

Ouvrez ce code QR via votre appareil photo mobile ou directement à partir du lien ci-dessous

Pour la version cliquez sur l'image du code

Printed by Amazon Italia Logistica S.r.l.
Torrazza Piemonte (TO), Italy